요셉의 길

선택이 일생을 결정한다

제리 화이트

네비게이토 선교회는
국제적이며 복음적인 기독교 기관이다.
예수 그리스도께서는 자기를 따르는 자들에게
"너희는 가서 모든 족속으로 제자를 삼으라"
(마태복음 28:19)는 지상사명을 주셨다.
네비게이토 선교회는 세계 모든 국가에서
예수 그리스도의 일꾼들을 배가시켜
이 지상사명의 성취를 돕는 것을
근본 목표로 하고 있다.

네비게이토 출판사는
네비게이토 선교회의 문서 선교를 담당하고 있다.
본 출판사에서는 그리스도인의 영적 성장을 돕는
서적과 자료들을 출판하여,
그리스도인의 삶의 기초가 견고한
헌신된 제자로 성장하게 하고,
나아가 성숙한 인격과 지도력을 갖춘
일꾼이 되도록 돕고 있다.

Translated by permission.
Title originally published in English as
THE JOSEPH ROAD
by NavPress, a ministry of The Navigators.
ⓒ 2009 by Jerry White.
Korean Copyright ⓒ 2019 by Korea NavPress.

The Joseph Road

Choices that determine your destiny

Jerry White

TO KNOW CHRIST AND TO MAKE HIM KNOWN

차 례

저자 소개 ·· 7
추천의 말 ·· 9
1. 꿈을 꾸다 ·· 11
2. 꿈이 깨어지다 ······································ 21
3. 형통의 근원 ··· 35
4. 뜻밖에 일격을 당하다 ··························· 51
5. 잿더미에서 일어서다 ···························· 65
6. 은혜를 입는 비결 ································· 77
7. 다른 사람의 꿈을 세워 주다 ················· 89
8. 운명의 급반전 ······································ 99

9. 기회를 붙잡다 ················· 119

10. 계속 나아가다 ················· 133

11. 시 험 ························· 151

12. 게임이 시작되다 ··············· 163

13. 게임이 끝나다 ················· 179

14. 깨어짐과 재회 ················· 203

15. 사람들의 생명을 구하다 ········ 229

16. 축복하기 ····················· 245

17. 은혜로 행하다 ················· 269

18. 끝까지 충성하다 ··············· 287

저자 소개

제리 화이트는 네비게이토 선교회의 국제회장으로 주님을 섬겼습니다. 대학 시절 네비게이토를 만나 그리스도의 제자와 일꾼으로 사는 삶에 헌신한 후, 평생을 그리스도의 제자를 삼고 일꾼을 배가하는 일에 자신을 드려 오고 있습니다. 전임 사역자가 되기 전에는 13년 반 동안 미국 공군에서 장교로 근무하면서, 케이프커내버럴에서 우주 비행 통제관으로 일하기도 했고, 공군사관학교 교수로서 가르치기도 했습니다. 그는 본서 외에도 '그리스도의 주재권', '그리스도인의 친구 사귀기', '당신의 직업 – 생존이냐 만족이냐', '정직, 도덕, 그리고 양심', '헌신의 위력', '중년기와 그리스도인', '어떻게 친구를 사귈 것인가' 등 여러 권의 책을 썼습니다.

추천의 말

본서 **요셉의 길**을 따라가노라면 스릴이 넘칩니다. 도전을 줍니다. 깊은 감동이 있습니다. 구약성경에 나오는 요셉이 걸어간 길을 따라 걸어가면서 우리는 자신이 걸어온 길을 진지하게 되돌아봅니다.

자신이 꾸었던 꿈들, 그동안 겪었던 실망과 좌절을 떠올립니다. 역경과 깨어짐을 마주하게 됩니다. 자신의 믿음을 시험하여 봅니다. 이 모든 것 가운데서 하나님의 손길을 느낍니다. 모든 것을 합력하여 선을 이루시는 하나님의 절대주권적인 손길입니다.

우리 속에는 다른 사람을 향하여 분노하고 남을 탓하려는 경향이 숨어 있습니다. 하지만 이 모든 인간적 경향을 뛰어넘어 은혜와 용서와 화해의 도구가 되는 길을 걸어갈 수도 있습니다. **요셉의 길**은 그 길을 보여 줍니다. 우리 함께 걸어가 봅시다.

마이크 트레니어
네비게이토 선교회 전 국제 회장

제 1 장

꿈을 꾸다

요셉이 꿈을 꾸고 자기 형들에게 고하매
그들이 그를 더욱 미워하였더라.
창세기 37:5

제 1 장

꿈을 꾸다

꿈을 좇으라

어릴 적 꿈이 무엇이었습니까? 스포츠나 연예계의 스타? 하늘을 나는 조종사나 우주비행사? 최고의 의사나 과학자? 저명한 정치가? 최고의 소방수, 경찰관, 군인? 최고의 부자나 기업가? 이처럼 어느 분야에서 정상에 올라 모두가 알아주는 유명 인사가 되는 것이었습니까? 그런데 그 꿈이 언제 사라지기 시작했습니까?

대부분은 삶의 현실이 시작될 때 꿈이 시드는 것을 경험합니다. 슬픈 일이 아닐 수 없습니다. 꿈은 우리로 계속 전진하게 하기 때문입니다. 또한 희망과 소망을 주며, 위대한 성취를 향하여 나아가게 해 주기 때문입니다.

십대 소년인 요셉은 야곱이 총애하는 아들이었습니다. 어느 날 꿈을 꾸었습니다. 깨고 나면 금세 잊어버리는 그런 꿈이 아니었습니다. 너무도 생생한 꿈이었습니다. 어쩌다 우연히 스쳐 지나가는 상념이 아니었습니다. 당시 사람들은 대부분 꿈을 매우 신뢰했습니다.

　꿈을 꾼 후 요셉이 보인 행동은 어찌 보면 자연스런 것이었습니다. 형들에게 가서 그 꿈에 대하여 말했습니다. 아직 미성숙한 소년이라면 그런 형편에서는 누구나 그럴 수 있습니다.

> 청컨대 나의 꾼 꿈을 들으시오. 우리가 밭에서 곡식을 묶더니 내 단은 일어서고 당신들의 단은 내 단을 둘러서서 절하더이다. (창세기 37:6-7)

　자기들의 단이 요셉의 단에 절한다고? 형들 입장에서는 기분이 썩 좋지 않았습니다. 이 버릇없는 동생 녀석에게 자기들이 절한다고 해석했습니다. "그 형들이 그에게 이르되, '네가 참으로 우리의 왕이 되겠느냐? 참으로 우리를 다스리게 되겠느냐?'"(8절). 요셉의 말을 듣고 형들은 몹시 화가 났습니다. 기왕에 요셉을 '미워'하고 있던 차에(4절), 그 꿈 이야기를 듣고는 '더욱 미워'하게 되었습니다(5,8절).

　그 후 요셉이 다시 꿈을 꾸고는 또 형들에게 가서 이야기했습니다.

내가 또 꿈을 꾼즉 해와 달과 열한 별이 내게 절하더이다. (9절)

이번에는 형들에게만 이야기한 게 아니라 아버지 야곱에게도 했습니다. 그러자 야곱이 무슨 말이냐며 꾸짖었습니다. "너의 꾼 꿈이 무엇이냐? 나와 네 모와 네 형제들이 참으로 가서 땅에 엎드려 네게 절하겠느냐?"(10절). 형들은 요셉을 시기했지만, 아버지 야곱은 그 말을 마음에 깊이 간직해 두었습니다(11절). 틀림없이 거기에 뭔가 중요한 게 있음을 직감하였습니다.

어떤 이는 요셉이 경솔했다고 비판할 수도 있습니다. 하지만 그는 악의가 없이 그저 사실 그대로 솔직하게 말했을 뿐입니다. 어쩌면 그 역시 자기 말을 들은 가족들만큼이나 그 꿈의 의미가 뭘까 하고 골똘히 생각했을 것입니다. 어릴 적에는 판타지가 끝나고 현실이 시작되는 때를 분간하기가 쉽지 않습니다. 그게 천진난만하고 상상력이 풍부한 어린 시절의 특징입니다.

꿈이 필요하다

나이가 적든 많든 관계없이 모두에게는 꿈이 필요합니다.

비전이 필요합니다. 꿈과 비전은 우리가 목표로 삼고 나아가야 할 목적지가 무엇인지를 보여 줍니다.

사람들은 모두 이런 저런 크고 작은 꿈을 꾸며 살아갑니다. 아주 소박한 꿈을 꾸는 이도 있고, 아주 커다란 꿈을 꾸는 이도 있지만, 꿈은 각 사람에게 모두 소중합니다. 어떤 이는 하나님께서 자신을 크게 쓰시는 꿈을 꿉니다. 도저히 상상치 못할 정도로 말입니다. 이 꿈과 목표는 우리로 계속 앞으로 나아가게 해 줍니다. 이처럼 특별한 미래를 꿈꾸는 비전은 우리로 계속 열심히 일하게 하고 희망을 갖게 합니다.

보통 자신의 꿈을 누군가에게 말하는 사람은 그리 많지 않습니다. 요셉과 같은 반응을 만날까 두려워서입니다. 하지만 마음속 저 깊은 데서 자기 운명이 무엇인지를 직감합니다. 당신이 느끼는 자신의 운명은 무엇입니까? 당신의 꿈은 무엇입니까? 그 목적지를 향하여 나아가고 있습니까? 아니면 삶의 무거운 짐에 짓눌려 도중에 포기해 버리지는 않았습니까?

제인은 좋은 목소리를 가지고 있었습니다. 훌륭한 성악가가 되는 게 꿈이었습니다. 하지만 이 꿈은 아주 불가능하게만 보였습니다. 그 꿈이 이루어질 거라고 믿고는 싶었지만, 현실적으로는 자꾸만 의심이 들었습니다. 그러나 포기하지 않았습니다. 마침내 자기를 지도해 줄 사람을 찾아냈습니다. 지도를 받기 위해서는 시간적으로나 경제적으로나 큰 값을 치러야 했습니다. 그 선생님 또한 열심히 도와주었고 계속 도전했습니다.

"자신이 꿈꾸는 목표를 이룬다는 건 아주 어렵습니다. 매년 훌륭한 목소리를 가진 사람들이 이곳으로 몰려들고 있습니다. 모두들 피나게 연습하여 성공할 날만을 손꼽아 기다립니다."

꿈을 가진다는 것이 무엇을 의미하는지를 명심해야 합니다. 경험으로 보건대, 꿈을 이루기 위해서는 새로운 도전과 모험이 필요합니다. 때로는 위험도 따릅니다. 이 사실을 잊어버리면 안 됩니다.

존은 직장에 다니는 평범한 그리스도인입니다. 날마다 끝도 없이 밀려드는 일 속에 파묻혀 살았습니다. 하지만 일만 하다 생을 마치고 싶지는 않았습니다. 늦은 밤 퇴근길에 밤하늘의 별을 보며 아브라함에게 주신 하나님의 약속을 떠올리면서 마음을 새롭게 하곤 했습니다. 바쁜 직장 생활 중에도 틈나는 시간을 지혜롭게 활용하여 주위 사람들에게 꾸준히 말씀을 나누어 주었습니다. 때로 사람들이 진리를 외면하고 차갑고 무관심한 반응을 보일 때면 낙심도 되었지만 그때마다 주위 그리스도인의 기도와 격려로 새 힘을 얻어 꾸준히 지속하였습니다. 그러던 어느 날 한 사람이 복음을 듣고 예수님을 영접하였습니다. 존은 그를 위해 간절히 기도하며 여러 수고를 아끼지 않았습니다. 주님의 은혜로 그는 점차 영적으로 건강하게 성장하였습니다. 이제는 그와 함께 기도하며 주위 사람에게 말씀을 나누어 주게 되었습니다. 주님의 지상사명에 쓰임받고자 하는 그의 꿈이 마침내 현실이 되기 시작하였습니다!

모두에게는 꿈이 필요합니다. 그리고 그 꿈을 이루도록 격려해 주는 사람이 필요합니다.

하나님으로부터 온 꿈

특히 우리에게는 하나님께서 주신 꿈이 필요합니다. 요셉의 청소년 시절에 하나님께서는 요셉에게 꿈을 주셨습니다. 평범하지 않은 두 꿈을 통해서였습니다. 이 꿈을 통해 하나님께서는 요셉에게 장래를 명확히 말씀해 주셨습니다.

왜 하나님께서는 그런 식으로 요셉에게 말씀하셨을까요? 요셉은 그런 꿈 없이도 여전히 형통할 수 있었는데 말입니다. 간단히 말하자면, 요셉으로 하여금 '하나님께서 말씀하신다'는 사실을 알게 하려고 그러신 게 아닌가 합니다. 후에 그가 감옥에 있을 때 그 꿈을 기억하노라면 소망이 생겼을 것입니다. 하나님께서 말씀하셨고 그 말씀대로 인도하고 계신다는 사실을 알면 어두운 시기에 소망이 생깁니다. 누구에게나 어두운 시기가 반드시 있게 마련입니다.

하나님께서 당신에게 말씀하신 적이 있습니까? 귀로 들을 수 있는 말로가 아닐 수도 있습니다. 하지만 당신은 하나님께서 말씀하셨음을 금방 압니다. 우리에게는 그것이 필요합니다. 우리는 하나님으로부터 들어야 합니다.

그러면 꿈이 정말로 하나님으로부터 오는 때는 언제이고, 반대로 아무 근거 없는 주관적 상념에 불과할 때는 언제입니까? 그 답을 알려면, 하나님께서 우리에게 어떻게 말씀하시는가를 알아야 합니다. 하나님께서 제일 많이 쓰시는 방법은 하나님의 말씀인 성경 말씀을 통해서입니다. 우리가 말씀을 보며 묵상하고 기도하면서 조용히 하나님의 음성에 귀 기울일 때 하나님께서는 세미한 음성으로 우리 마음에 말씀해 주십니다. "…네 뒤에서 말소리가 네 귀에 들려 이르기를, '이것이 정로니 너희는 이리로 행하라' 할 것이며"(이사야 30:21). 때로는 나를 잘 아는 경건한 그리스도인들을 통해 하나님의 음성을 들려주시기도 합니다. 하나님의 음성을 잘 듣기 위해서는 무엇보다 먼저 늘 성령의 지배를 받는 마음과 삶을 유지하는 것이 필요합니다. 엘리야는 이세벨의 핍박을 피하여 호렙산으로 갔고, 거기서 고요히 속삭이는 하나님의 '세미한 소리'(열왕기상 19:12)를 들었습니다.

하나님으로부터 오는 말씀을 들을 때, 우리는 귀 기울여 듣고, 올바로 이해하고, 그 다음 지켜 행하여야 합니다.

> 묵시가 없으면 백성이 방자히 행하거니와 율법을 지키는 자는 복이 있느니라. (잠언 29:18)

묵상 및 적용

1. 어린 시절의 꿈이나 소원 중 몇 가지를 적어 보십시오.

2. 그 꿈을 계속 키워 준 사건은 무엇입니까? 그 꿈을 가로막거나 꺾어 버린 사건은 무엇입니까?

3. 오늘날 당신의 꿈은 무엇입니까?

4. 하나님께서는 그 꿈을 어떻게 이루어 가십니까?

제 2 장

꿈이 깨어지다

서로 이르되, "꿈꾸는 자가 오는도다.
자, 그를 죽여 한 구덩이에 던지고,
우리가 말하기를 악한 짐승이 그를 잡아먹었다 하자.
그 꿈이 어떻게 되는 것을 우리가 볼 것이니라"
하는지라.

창세기 37:19-20

제 2 장

꿈이 깨어지다

하나님의 음성을 들으라

요셉의 꿈이 그를 이끌어 간 곳은 생지옥이었습니다. 아버지는 그를 총애하고 애지중지한 반면, 형들은 점점 전보다 훨씬 더 미워하게 되었습니다. 마침내 형들은 요셉만 보면 질렸고 넌더리가 났습니다.

한번은 형들이 들에서 양 떼를 치고 있었습니다. 아버지 야곱이 요셉더러 형들과 양 떼가 다 잘 있는지 보고 오라고 했습니다. 요셉은 아버지 명에 순종하여 형들을 찾아갔습니다. 형들이 보니 저 멀리서 요셉이 오는 게 보였습니다. 요셉의 모습을 보고 그들은 악한 계획을 꾸몄습니다. "요셉이 그들에게 가까이 오기 전에 그들이 요셉을 멀리서 보고 죽이기를 꾀하여"(창세기 37:18). 맏형인 르우벤이 급히 가로막고 나서 요셉을 죽이지 못하게 말렸습니다. "우리가 그 생명은 상하지 말자"(21절). 르우벤이 또 아우들에게 말했습니다. "피를 흘리지 말라. 그를 광야 그 구덩이에 던지고 손을 그에게 대지 말라"(22절). 르우벤은 나중에 돌아와서 요셉을 구원하여 아버지에게로 돌려보낼 생각이었습니다. 아무튼 르우벤의 제안대로, 형들은 요셉을 잡아 물 없는 구덩이에 산 채로 던졌습니다.

구덩이 밑바닥에서 요셉은 형들이 웃고 떠들며 말다툼도 하고 음모도 꾸미는 것을 다 들었을 것입니다. 그는 아무 힘이 없었습니다. 빠져 나갈 길이 없었습니다. 살려 달라고 애원도 하고 기도도 했습니다. 십중팔구 적어도 몇 시간 동안은 거기에 있었을 것입니다. 어쩌면 며칠간을 거기에 있었을 수도 있습니다.

형들은 여전히 그를 죽일 계획이었습니다. 그런데 앉아 식사를 하다가 눈을 들어 보니, 마침 미디안 상인들 한 떼가 애굽으로 가려고 지나가고 있었습니다. 그때 유다가 말을 꺼냈습니다. "우리가 우리 동생을 죽이고 그의 피를 은익한들 무엇이 유익할까?"(26절). 그 대신 유다는 요셉을 상인들에게 노예로 팔고 자기들은 손을 대지 말자고 제안했습니다. 그래서 형들은 유다의 말을 따라 요셉을 구덩이에서 끌어올려 돈을 받고 상인들에게 팔아 버렸습니다.

이 천인공노할 비극적 거래가 이루어지고 있을 때 르우벤은 그 자리에 없었습니다. 나중에 와서 요셉이 없어진 것을 알고는 엄청난 충격을 받았습니다. 비통한 마음에 어찌할 바를 몰랐습니다. "아이가 없도다. 나는, 나는 어디로 갈까?"(30절). 형들은 아버지 야곱에게 요셉이 들짐승에게 죽임을 당했노라고 거짓으로 고하기로 하고는, 아버지를 납득시킬 계획을 치밀하게 공모했습니다.

> 그들이 요셉의 옷을 취하고 숫염소를 죽여 그 옷을 피에 적시고 그 채색 옷을 보내어 그 아비에게로 가져다가 이르기를, "우리가 이것을 얻었으니 아버지의 아들의 옷인가 아닌가 보소서" 하매. (31-32절)

야곱은 아들들의 거짓말에 완전히 속아 넘어갔습니다.

> 아비가 그것을 알아보고 가로되, "내 아들의 옷이라. 악한 짐승이 그를 먹었도다. 요셉이 정녕 찢겼도다" 하고, 자기 옷을 찢고 굵은 베로 허리를 묶고 오래도록 그 아들을 위하여 애통하니, 그 모든 자녀가 위로하되 그가 그 위로를 받지 아니하여 가로되, "내가 슬퍼하며 음부에 내려 아들에게로 가리라" 하고, 그 아비가 그를 위하여 울었더라. (33-35절)

어두운 구덩이에서

한번 입장을 바꿔 생각해 보십시오. 자신을 요셉과 같은 처지에 있는 십대 소년이라고 가정해 보십시오. 형들에게 잡혀서 구덩이에 던져지고, 그 다음 낯선 사람들에게 노예로 팔렸습니다. 요셉이 당한 테러를 생각해 보십시오. 이보다 악한 테러 행위가 있을까요? 갑자기 날카로운 비수로 등 뒤에서 찌른 격이었습니다. 요셉에게 얼마나 큰 충격을 주었을까요?

이 사건의 전체 과정을 요셉 입장에서 추측해 보면 다음과 같이 그려 볼 수 있습니다.

요셉이 그날 처음 형들이 양 치는 곳에 왔을 때였다. 형들이 다짜고짜 그를 붙잡더니 먼저 옷을 벗겼다. 그 옷이 비위에 거슬렸기 때문이다. 그 옷은 채색옷으로 아버지가 어린 동생만을 편애하는 상징과도 같았다. 형들이 그를 두들겨 패더니 잡아서 구덩이에 던졌다. 물이 없는 마른 구덩이였다. 그는 자기에게 일어나고 있는 일을 도저히 믿을 수가 없었다. 처음에는 그저 장난이려니 생각했다. 형들이 단지 자기를 골려 주려고 좀 심하게 장난을 하고 있는 거라고. 그러다 저 위에서 형들이 대화하는 소리를 듣게 되었다. "이 기회에 단단히 버릇을 고쳐 주자." "저 녀석에게 뭔가 가르쳐 줘야

해." 그러다가 "아예 죽여 버리자"라는 말까지 나왔다. 그리고 이어 많은 대화가 오갔다.

　그 어두운 구덩이 속에서 그는 추위와 두려움으로 떨기 시작했다. 형들 중 하나가 자기를 구하러 올 것이다. 한참 시간이 흘렀다. 얼마 후 사람들이 웅성거리는 소리가 들렸다. 여러 사람의 목소리가 뒤죽박죽 섞여 있었다. 간간이 상인들이 하는 말도 들렸다. 귀를 쫑긋 세우고 들어 보니, 자기를 노예로 팔려고 협상 중이었다! 아직도 이런 일이 일어나고 있다는 게 믿기지가 않았다. 두려움이 몰려왔다. 점점 더 공포에 사로잡혔다. 이 미디안 상인들에게 노예로 팔린 사람들이 겪는 운명에 대해 이미 들은 적이 있었다. 순간 죽임을 당하지는 않겠다는 생각에 안도감이 들었다. 하지만 그것도 잠시였다. 노예가 겪는 비참한 운명의 현실을 잘 알고 있었기 때문이다. 다시 거대한 두려움이 엄습하였다. 마음이 초조하고 불안하여 어찌할 바를 몰랐다.

　이윽고 줄이 내려왔다. 그 줄을 양 겨드랑이 밑으로 해서 가슴 주위에 둘러 묶으라는 소리가 들렸다. 거친 명령이었다. 위로 끌리어 올려졌다. 형들은 사라지고 없었다. 미디안 상인들은 그의 손목을 묶고 발에는 족쇄를 채웠다. 그런 다음 상인들은 다시 움직이기 시작했다. 그는 이리 밀치고 저리 밀치고 거칠게 다루어졌다.

　온몸과 마음이 고통스러웠다. 입에서는 신음 소리가 저절로 나왔다. 그러면서 가끔씩 형들이 와서 자기를 구해 줄지도 모른다는 상상을 하기도 했다. 그러나 날이 가고 밤이 가면서 자신의 냉혹한 현실을 깨달았다. 그는 넋을 잃고 어찌할 바를 몰랐다. 마음속으로 하나님께 울부짖었다. 밤마다 울었다. 왜 하나님께서 자기에게 이런 일을 허락하시는지 도무지 이해가 되지 않았다.

자기가 형들에게 너무 밉보였는지도 모르겠다는 생각이 들었다. 지난 시간을 돌이켜 보았다. 자신이 어떻게 형들에게 미움과 시기를 샀는지 짐작할 수 있었다. 후회해 봤자 때는 너무 늦었다. 그의 운명은 정해졌다. 하지만 그것이 무엇일지는 전혀 알 수 없었다.

너무도 큰 충격을 받아 한동안 멍하던 그는 정신이 들기 시작했다. 두려움도 서서히 사그라들었다. 그 대신 생존 본능이 수면 위로 떠오르기 시작했다. 자신의 현실을 직시했다. 온갖 특권을 가진 귀한 아들에서 이제는 주인의 일개 재산인 한낱 노예로 전락한 신세였다! 목적지는 애굽이었다.

간절히 구조를 기다리다

잠시 우리 자신에 대해 살펴보기로 하겠습니다. 당신의 꿈이 산산이 깨어져 버렸습니까? 그 꿈들이 꺾이고 시들더니 급기야 사라져 버렸습니까? 그 이유가 무엇입니까? 요셉처럼 부당한 대우와 학대 때문입니까?

어쩌면 바로 지금 이러한 어려움 가운데 있을 수도 있습니다. 구덩이 속에서 울부짖으며, 자신의 과거를 후회하고, 누군가가 구해 주기를 간절히 바라고 있을지도 모르겠습니다.

그 이유가 최선을 다해 준비했지만 계속 중요한 시험에서 떨어지는 것일 수도 있습니다. 자신감이 없어집니다. 앞길이 막막하기만 합니다.

아니면 곁길로 나가는 자녀일 수도 있습니다. 자녀가 행실이 안 좋은 아이들과 어울리고 있다는 혐의를 받고 있습니다. 그런 혐의를 받고 있다는 자체가 너무 괴롭습니다. 마음속에 자꾸만 '나는 자녀 교육에서 실패한 사람이야'라는 생각이 들어 잠을 못 이룹니다.

또는 결혼 생활의 파탄일 수도 있습니다. 한때 완벽한 결혼 생활을 꿈꾸었습니다. 살면서 언뜻언뜻 희망의 순간들이 보이기도 했습니다. 그런데 지금은 모든 희망이 영영 깨어져 버렸습니다.

또는 최근 회사에서 대규모 인원 감축이 있었는데 거기에 당신 이름이 들어 있었을 수도 있습니다. 회사에서 쓸모없고 가치 없는 존재라는 결론입니다.

아니면 최근 암 진단을 받았을지도 모르겠습니다. 정말로 듣기가 두려웠던 말이었는데, 지금 현실이 되었습니다.

혹은 알면서도 지은 죄가 무겁게 짓누르고 있는지도 모릅니다. 무거운 납덩이처럼 당신 목에 매달려 당신을 옥죄고 있습니다. 혹은 화가 나서 고함치며 내뱉은 그 말들이 친했던 사람들과의 관계를 영원히 끊어 버렸는지도 모릅니다. 참았어야 했는데 말입니다.

잘못된 선택이든, 병이든, 해고든, 마음의 상처든, 사람들의 부당한 대우든, 그 이유가 무엇이든지 그로 인해 모든 삶이 산산이 깨어져 버렸습니다.

하지만 현재 아무 희망이 없어 보일지라도 절대로 절망하거나 포기하지 마십시오. 반드시 희망이 있습니다. 출구가 있습니다. 여전히 추구해야 할 꿈이 있습니다. 하나님께서는 여전히 계획을 가지고 계십니다. **요셉의 길**이 바로 그것입니다. 앞으로 이 책에서 어떻게 그 길이 우리 앞에 펼쳐지는가를 살펴보도록 하겠습니다.

먼저 깨어져야

요셉의 길은 또한 '하나님의 계획'입니다. 그동안 인생길을 대부분 자신이 직접 코스를 정하여 달려 왔습니다. 열심히 일하고, 기회를 붙잡고, 때에 맞게 행동한 덕분에 현재 누리는 성공을 이룩했습니다. 시험에 합격했고, 직업을 얻었고, 가정을 꾸렸고, 수고한 보상을 받았습니다. 이로써 자기 능력을 확신하게 되었고, 그 성공 안에서 안정을 누리게 되었습니다.

그런데 어느 날 안 좋은 모든 것이 한꺼번에 홍수처럼 쏟아져 몰려오는 것 같은 상황을 맞았습니다. 모든 것이 어그러지기 시작했습니다. 방향 감각을 잃고 혼란에 빠졌습니다. 병적으로 자신을 살피고 분석하며 환멸을 느끼게 되었습니다. 친구들과 하나님께 버림을 받았다는 느낌이 들었습니다.

당신은 하나님께서 당신을 위한 계획을 가지고 계신다는 사실을 인정하고 있습니다. "우리가 알거니와 하나님을 사랑하는 자 곧 그 뜻대로 부르심을 입은 자들에게는 모든 것이 합력하여 선을 이루느니라"라고 하신 로마서 8:28 말씀을 믿고 있습니다. 하지만 지금 이 상황에서는 그 말씀이 공허하게만 들립니다. 하나님께서는 하고 계시는 일을 알고 계실까? 하나님께서 정말 뭔가를 하고 계시기는 하는 걸까? 하나님께서는 정말 나를 사랑하시는 걸까?

믿음이 사라집니다. 신앙에 금이 가기 시작합니다. 한 가지가 분명하게 됩니다. 당신의 인생길이 당신 손에서 벗어나 있다는 사실입니다. 당신이 할 수 있는 게 아무것도 없습니다. 마침내 자신에게 남겨진 유일한 선택으로 돌아갑니다. 하나님께 기도하는 것입니다.

욥이 그랬습니다. 기도해도 처음에는 아무 응답도 없어 보였습니다. 욥은 성경에서 고난에 대한 가장 대표적인 본입니다. 자신이 그동안 소중하게 붙잡았던 모든 것을 박탈당한 후, 욥은 이렇게 말했습니다. "내가 주께 부르짖으오나 주께서 대답지 아니하시오며, 내가 섰사오나 주께서 굽어보시기만 하시나이다"(욥기 30:20).

우리는 욥 이야기의 결말을 알고 있습니다. 결국에는 모든 것이 합력하여 선을 이루었습니다. 욥은 처음보다 더 큰 복을 받았습니다(욥기 42:12). 그러나 '나의' 이야기는 어떻게 됩니까? 우리는 자신의 이야기의 결말을 볼 수 없습니다.

시편에는 환난을 당하여 하나님께 부르짖는 사람들로 가득 차 있습니다. 시편은 그들에 대한 하나님의 위로로 넘쳐흡니다. 그 위로는 또한 우리를 위한 것이기도 합니다. 다윗은 한 시편에서 이렇게 노래합니다.

> 의인이 외치매 여호와께서 들으시고
> 저희의 모든 환난에서 건지셨도다.
> 여호와는 마음이 상한 자에게 가까이하시고
> 중심에 통회하는 자를 구원하시는도다.
> (시편 34:17-18)

요셉은 형들이 자기를 팔아넘긴 후 몹시 가슴이 아프고 괴로웠습니다. 눈앞이 캄캄했습니다. 그런데 어쩌면 그게 인생에서 전환점이 되었을 것입니다. 진실로 하나님께 굴복하는 순간이었습니다. 우리는 요셉 이야기의 결말을 잘 알고 있습니다. 세월이 흘러 형들이 자기에게 한 일을 돌이켜 보았을 때, 다음과 같이 확신 있게 말하게 되었습니다. "당신들은 나를 해하려 하였으나 하나님은 그것을 선으로 바꾸사 오늘과 같이 만민의 생명을 구원하게 하시려 하셨나니"(창세기 50: 20). 그러나 자신이 지금도 여전히 '구덩이' 속에 있을 때는, 이러한 전망이 공허하게 느껴질 수 있습니다.

내 인생에서도 이런 일이 있었습니다. 나는 '탈진'이라는 깊은 물을 통과한 적이 있었습니다. 그런데 하나뿐인 아들의 죽음은 그보다 훨씬 깊은 물이었습니다. 그 깊은 물을 통과하고 난 지금 확신 있게 말할 수 있습니다. 그 모든 게 사실이라고. 하나님께서는 모든 것을 합력하여 '능히' 선을 이루실 수 있습니다. 하나님께서는 '참으로' 나를 위한 계획을 가지고 계십니다.

그러나 먼저 '깨어짐'이 옵니다. '구원'은 아주 예기치 않은 방법으로 오는 경우가 많습니다. 어쩌면 요셉이 가졌던 유일한 구원의 희망은 형들이 어쨌든 뉘우치고 돌아와 이렇게 말하는 것이었으리라. "모두 장난이었어!" 하지만 그런 일은 결코 일어나지 않았습니다. 오히려 요셉의 '구원'은 '노예'가 되면서부터 시작되었습니다.

꿈이 깨어지다

어둠의 한복판에서
별은 가장 밝게 빛나고,
절망의 심연에서
소망은 가장 깊이 뿌리 내리네.

묵상 및 적용

1. 당신은 지금 어떤 '구덩이' 속에 있습니까?

2. 당신은 지금 '깨어짐'에 대하여 무엇을 배우고 있습니까?

3. 당신이 지금 기다리고 있는 '구원'은 무엇입니까?

4. 이때에 하나님께 드리는 기도는 무엇입니까?

제 3 장

형통의 근원

여호와께서 요셉과 함께하시므로
그가 형통한 자가 되어
그 주인 애굽 사람의 집에 있으니,
그 주인이 여호와께서 그와 함께하심을 보며
또 여호와께서 그의 범사에 형통케 하심을 보았더라.
창세기 39:2-3

제 3 장

형통의 근원

하나님을 기억하라

능력이 많거나 대단한 성공을 거두고 있는 사람을 보면서, '어떻게 그런 성공을 거두었을까?' 하고 궁금해한 적이 있습니까? 당신이 보기에, 그게 수고한 결과였습니까, 아니면 순전히 운이었습니까? 출신이나 배경 덕분이었습니까, 아니면 끊임없는 개인의 노력 덕분이었습니까? 그 과정이 아무 흠이 없고 떳떳합니까, 아니면 다른 사람들을 부당하게 이용했습니까?

지나온 역사를 보면 그런 예가 많이 나옵니다. 그러나 여기에도 저기에도 속하지 않는 깜짝 놀랄 예외가 되는 사람도 있습니다. 그들의 삶은 상식으로는 설명하기가 거의 불가능합니다. 그들은 자신의 삶에 대하여 간단하게 말합니다. "하나님께서 이 모든 일을 행하셨습니다!" 성공의 근원이 하나님이심을 잘 알고 있기 때문입니다. 이는 그들이 가진 마음의 태도를 보면 분명하게 알 수 있습니다. 그들에게서는 권력의 거만함도, 성취의 교만함도 전혀 찾아볼 수 없습니다. 설령 그들을 깎아내리고 흠집을 내려고 하는 사람들이 있을지라도, 그들의 인격을 훼손하거나 더럽힐 만한 흠을 아무것도 발견치 못합니다.

    요셉이 그와 같은 사람이었습니다. 성경에 기록된 그의 삶을 자세히 읽어 보면, 놀라운 지성과 능력을 겸비한 사람인 것을 분명히 알 수 있습니다. 그는 하나님의 음성을 들을 줄 알았습니다. 뿐만 아니라 심히 어려운 여러 인간관계와 사건을 헤쳐 나갈 줄도 알았습니다. 더구나 이 모든 과정에서, 성공을 위해서 음모를 꾸미거나 은밀히 몰래 뭔가를 조작하거나 조종하는 일이 전혀 없었습니다. 간교한 속임수도 쓰지 않았습니다. 그렇다고 세상 물정도 전혀 모르고 아무런 꿈도 없는 사람은 아니었습니다. 모든 환경과 기회를 잘 활용했습니다. 그러나 이 모든 일을 하되, 비즈니스 세계나 정치 세계에서 흔히 보듯이, 자신의 야망을 이루기 위해 온갖 꾀를 쓰며 수단과 방법을 가리지 않는 무자비한 행동을 일절 하지 않았습니다.

노예가 되다

애굽으로 팔려 간 요셉은 거기서 노예 생활을 시작하게 되었습니다. '노예 생활' 하면 수 세기 전 노예라는 무서운 운명으로 고통당했던 아프리카 사람들이 생각납니다. 그들은 고향에 있는 가족들과 생이별을 당하고 강제로 유럽과 아메리카에 노예로 팔려 갔습니다. 그들이 당한 끔찍한 고통은 이루 말할 수 없는 것이었습니다. 그들이 겪은 인간 이하의 대우와 수모, 폭력과 착취, 억압과 공포, 그로 인한 트라우마, 악취가 진동하는 열악한 환경 등은 도저히 생각조차 할 수 없었고, 그 어떤 다큐멘터리나 소설이나 영화로도 다 표현할 수 없을 것입니다.

내 마음에 새겨진 아주 충격적인 기억 하나가 있습니다. 서아프리카에 있는 가나를 방문했을 때입니다. 아프리카인 친구들과 함께 케이프코스트에 갔습니다. 그곳은 가나 해안 중앙부에 있는 항구 도시로 한때 노예무역의 중심지였습니다. 거기서 한 성을 구경하였는데, 노예들이 팔려서 포르투갈로 가는 배에 실리기 전에 이 성 지하 감옥에 갇혀 있었습니다. 그 지하 감옥 내부를 둘러보았습니다. 수백 명이, 어쩌면 수천 명이 두려움 속에서 잔뜩 겁을 먹고 몸을 웅크리고 있었던 곳입니다. 감옥 소장이 쓰던 방에는 작은 문이 하나 따로 있었는데, 그는 그 문으로 사람들을 불러들여 온갖 악행을 저질렀습니다.

  그 지하 감옥을 죽 둘러보면서 갈수록 마음이 무겁고 착잡해졌습니다. 일행 중 백인은 나 혼자였는데, 가시방석에 앉은 기분이었습니다. 그때 아프리카인 친구 하나가 설명하기를, 이 성에서 자행된 끔찍한 일은 백인 식민 통치자들과 노예 상인들의 잔악성 때문만은 아니라고 했습니다. 아프리카 부족들이 서로 이웃 부족을 습격하여 그들을 포로로 잡아 노예로 팔았다고 했습니다. 그 노예들은 요셉처럼 자기 동족에게 당한 희생물이었습니다. 그러나 그들 중에는 요셉처럼, 그 끔찍한 불의의 상황에도 좌절하지 않고 힘 있게 일어나 놀라운 영향력을 끼친 사람들도 많이 있습니다.

서서히 바뀌어 가다

  요셉이 놓인 처지를 생각해 보십시오. 그는 아버지 총애를 듬뿍 받으며 자란 십대 소년이었습니다. 그런 그가 형들의 배반으로 노예로 팔려 가족들과 생이별을 당했습니다. 아무 힘이 없었습니다. 이제 인간이 아니었습니다. 한낱 몸뚱이에 지나지 않았습니다.

  애굽으로 가는 요셉의 길은 고달프고 힘든 발걸음이었습니다. 그 길은 인내심을 시험하였습니다. 상상을 뛰어넘었습니다. 상인들은 낙타를 타고 가고, 그는 묶인 채 걸어갔습니다. 한 걸음 한 걸음 내디딜 때마다 말할 수 없는 두려움이 스쳐 지나갔습니다. 도망할 곳이 없었습니다.

발은 부르트고 물집이 생겨 고통스러웠지만, 다리는 강해졌습니다. 피부는 햇빛으로 검게 그을렸습니다. 상인들은 그에게 온갖 일을 시켰습니다. 일행이 멈출 때마다 그는 나뭇가지를 모아다가 불을 피우고, 천막을 치고, 이들을 위해 식사 준비를 했습니다. 그리고 언제 무슨 일을 당할지 몰라 항상 두려움을 안고 잠을 잤습니다. 그러면서 차츰 생존 본능이 두려움을 대신해 자리 잡기 시작했습니다. 어떻게든 건강하게 살아남아야겠다고 이를 악물었습니다. 다행히도 주인들이 굶기지는 않았습니다. 애굽에 가서 노예로 팔려면 몸집이 튼튼해야 했기 때문입니다.

서서히 마음속 깊이 자신의 현실을 깨닫기 시작했습니다. 영혼과 육체는 애굽에 가까워질수록 더욱 단련되었습니다. 몇 날, 몇 주, 시간이 지나면서 근육은 더욱 강인해졌습니다.

자기 앞날이 어떻게 될지 궁금했습니다. 이윽고 낯선 땅에 도착했습니다. 나일 강을 따라 성들이 늘어서 있었습니다. 상인들은 요셉의 팔을 등 뒤로 묶었고, 도망가지 못하게 발에도 족쇄를 채웠습니다. 주인들은 그를 거칠게 다루긴 했어도 상처는 내지 않았습니다. 값이 떨어지면 안 되기 때문입니다.

애굽 수도에 도착했습니다. 요셉은 저잣거리 광장에 있는 노예 경매대에 진열되었습니다. 강하고 튼튼한 청년이 되어 있었습니다. 소년의 앳된 모습은 사라졌습니다. 하지만 마음 속에는 여전히 두려움과 염려가 남아 있었습니다.

이윽고 한 지체 높은 부자에게 팔렸습니다. "요셉이 이끌려 애굽에 내려가매 바로의 신하 시위대장 애굽 사람 보디발이 그를 그리로 데려간 이스마엘 사람의 손에서 그를 사니라"(창세기 39:1). 요셉을 산 사람은 애굽 사람 보디발이었는데 바로의 신하로 시위대장이었습니다. 하지만 그는 보디발이 누구인지 전혀 몰랐습니다.

형통한 이유

요셉이 보디발의 집에 들어간 후에 일어난 일을 살펴보면, 금세 한 가지 주제가 두드러지게 나타납니다. 그의 삶이 한 가지 방향으로 진행되고 있었고, 거기에는 분명한 이유가 있었다는 것입니다.

> 여호와께서 요셉과 함께하시므로 그가 형통한 자가 되어 그 주인 애굽 사람의 집에 있으니, 그 주인이 여호와께서 그와 함께하심을 보며, 또 여호와께서 그의 범사에 형통케 하심을 보았더라. 요셉이

그 주인에게 은혜를 입어 섬기매, 그가 요셉으로
가정 총무를 삼고 자기 소유를 다 그 손에 위임하
니. (창세기 39:2-4)

이처럼 성경 기록은 간결합니다. 그런데 어떻게 해서 이런 일이 일어나게 되었을까요? 추측해 보면 이렇습니다.

새로 들어온 노예로서, 요셉은 신참 남자 노예가 늘 하는 일부터 시작했습니다. 화장실을 청소하고, 마루를 닦고, 가축을 돌보고, 기타 천하고 험한 잡일을 많이 했습니다. 이런 일들을 하고 있는 요셉의 태도와 방식은 금방 주인인 보디발 눈에 띄었습니다. 주인의 눈을 사로잡았습니다. 요셉은 맡은 일을 잘 수행했습니다. 무슨 일이든 열심히 하고 불평하지 않았습니다. 그 결과 주인에게 신임을 얻게 되었습니다. 점점 더 큰 책임을 맡게 되었습니다. 그는 먼 훗날 예수님께서 하신 말씀의 산 증거가 되었습니다. "지극히 작은 것에 충성된 자는 큰 것에도 충성되고, 지극히 작은 것에 불의한 자는 큰 것에도 불의하니라"(누가복음 16:10).

이렇게 해서 차츰 요셉은 '가정 총무'의 눈에 들게 되었습니다. 가정 총무는 집안일 전체를 관리하는 책임을 맡은 사람이었습니다(창세기 39:4 참조). 이제 요셉은 대저택 안에 발을 딛게 되었습니다. 처음에는 애굽 말과 글을 하나도 몰랐으나, 살아남기 위해 재빨리 애굽 말과 글도 배웠습니다. 그러나 여전히 두려움이 남아 있었습니다. 자기의 현실을 있는 그대로 받아들였습니다. 포기하지 않고 계속 앞을 향하여 나아갔습니다. 마음을 단순하게 먹었습니다. 열심히 일하여 충성된 노예가 되기로 결심했습니다. 도망칠 시도를 하지 않기로 마음먹었습니다. 그도 사람인지라 도망갈까 하는 생각이 거의 매일 마음에 떠올랐을지도 모릅니다. 하지만 도망친들 어디로 갈 것이며, 어떻게 살아남겠습니까?

요셉은 마음속으로 하나님의 임재를 느끼고 있었습니다. 하나님께서 자기와 함께하심을 느꼈습니다. 어릴 적 집에서 가르침을 받은 대로 기도를 많이 했습니다. 그러나 가나안에서 꾸었던 그 꿈들을 생각할 때면, 이제 그 꿈들이 부질없고 아무 의미 없는 것으로만 보였습니다.

요셉은 아주 부지런했고 일처리를 하는 수완도 뛰어났습니다. 그래서 얼마 안 있어 들에서 일하는 노예에서 집 안에서 일하는 노예가 되었습니다. 주인인 보디발은 요셉의 능력과 리더십을 알아보았고, 그에게 점점 더 큰 책임을 맡겼습니다.

요셉이 보디발의 집에서 노예로 섬긴 기간이 얼마나 되는지는 정확히 알 수 없습니다. 아무튼 요셉은 점차 사람들에게 알려졌습니다. 존경과 신임을 받았습니다. 애굽 언어를 잘 배워서 유창하게 구사할 수 있게 되었습니다. 집안 전체를 효율적으로 관리하고 운영하였습니다. 집안에 필요한 물품을 구매하기도 하고 대외적인 일을 처리하는 등 집안의 모든 일을 책임 맡아 관리했습니다. 마침내 보디발은 요셉을 자기 집의 '가정 총무'로 삼았고(창세기 39:4), 요셉은 지역사회에 널리 알려지게 되었습니다.

계속 나아가라

잠시 요셉 이야기를 멈추고, 우리 자신 이야기를 해봅시다. '당신'은 지금 인생에서 무엇을 만나고 있습니까? 마치 안 좋은 모든 것이 한꺼번에 홍수처럼 쏟아져 몰려오는 것처럼 느끼고 있습니까? 어쩌면 그렇게 보일지도 모릅니다. 현실을 보면, 삶이 심히 고달프기만 합니다. 인생이 더 이상 재미가 없습니다. 근심 걱정, 두려움, 압박, 복잡하고 어려운 인간관계 등 이 모든 것이 힘을 빼놓고 있습니다.

주위에 있는 가까운 사람들의 삶은 어떤지 관찰해 보았습니다. 모두들 삶 속에 원치 않는 사건들이 끝도 없이 있었습니다. 몇 가지만 들어 보겠습니다.

- 학업이나 직장 생활의 어려움
- 자녀의 탈선
- 경제적 압박
- 가족 내 갈등

- 실직
- 건강 상실
- 뜻하지 않은 죽음

당신이 적은 목록에 상처가 깊은 것이 없을 수도 있습니다. 하지만 여전히 사방에서 격렬한 공격을 받고 있을 것입니다. 일에서 받는 심한 압박, 쉴 틈 없이 분주한 일상, 눈코 뜰 새 없는 빡빡한 일정 등. 꿈들은 깨어지고 갈수록 아득히 멀어져만 갑니다. 요셉처럼 출구가 없습니다. 이럴 때 어떻게 해야 합니까?

몇 가지 제안을 드리면 다음과 같습니다.

1. 중단하지 말고 계속 나아가십시오. 그러다 보면 하나님께서 예비하신 자원에 가까이 다다르게 됩니다.
2. 마땅히 해야 할 일을 계속 행하십시오. 하고 싶은 의욕도 동기도 잘 생기지 않더라도 하루하루를 계속 충성스럽게 살아가기 바랍니다.
3. 자기에게 주어진 일을 하며 살아가되, 하나님께서 주신 재능과 기술을 최대한 사용하십시오. 분노하거나 낙심하지 말고, 다른 사람들을 탓하지도 마십시오.
4. 그러고 난 다음, 하나님께서 행하시기를 '기다리십시오.'

그러면 반드시 하나님께서 행하실 것입니다. 하나님 그분의 때와 방법으로.

누군가 보고 있다

요셉이 보디발 집에서 노예로 있으면서 경험한 것이 무엇인지는 알 수 없는 게 참 많습니다. 평범한 노예로 일한 기간은 얼마 동안이나 될까요? 언제쯤 승진했을까요? 어떻게 해서 '고참' 노예로 대우를 받게 되었을까요? 밤이면 밤마다 집을 그리워하며 하나님께 구해 달라고 간구할 때, 마음에 스쳐 지나간 것은 무엇일까요?

요셉에게 이 시간들이 그저 아무 일도 없었던 양 쉽게 쏙 지나갔을까요? 이렇게 생각하는 건 아마도 잘못이겠지요. 그 역시 한 인간으로서, 틀림없이 기운이 하나도 없이 축 처진 순간들도 있었을 것입니다. 근심 걱정으로 마음이 답답한 시간도 있었고, 장래를 생각하면 잠 못 이루는 밤도 많이 있었을 것입니다. 뿐만 아니라 사람들로부터 심하게 부당한 취급을 받은 적도 많았을 것입니다.

무엇보다도 가장 중요한 점은 그에게는 선택의 여지가 없었다는 것입니다. 노예로서 자기 운명에 대한 통제권이 전혀 없었습니다. 자기 뜻대로 할 수 있는 게 아무것도 없었습니다. 그래서 이 끔찍한 환경 속에서 오로지 하나님 앞에서 충성스럽게 잘 살아야겠다고 결심하였습니다. 그리고 얼마 안 있어 그렇게 결심한 결과가 분명하게 나타났습니다. 주인에게서 보상을 받게 된 것입니다. "그 주인이 여호와께서 그와 함께하심을 보며, 또 여호와께서 그의 범사에 형통케 하심을 보았더라"(창세기 39:3). 주인은 여호와께서 요셉과 함께하심을 보았습니다. 요셉이 하는 모든 일에 여호와께서 형통케 하심을 보았습니다. 요셉은 주인의 눈에 들었습니다. 주인의 총애를 받았습니다. "요셉이 그 주인에게 은혜를 입어 섬기매…"(4절).

혹시 어렵고 힘든 시기를 겪고 있습니까? 이때 우리 삶은 다른 사람들 앞에 전시되고 있다는 사실을 명심해야 합니다. 사람들은 안 보는 것 같아도 다 우리를 보고 있습니다. 우리가 어떻게 반응하는지를 지켜봅니다. 특히 우리가 예수님을 따르는 제자라고 알려져 있으면 더욱 주목해서 봅니다.

요셉은 열심히 일했습니다. 그럴지라도 그게 그가 축복을 받은 이유는 아닙니다. 그는 조상인 아브라함, 이삭, 야곱의 하나님을 알고 있었습니다. 하나님을 알고 있었기에, 그는 꿈에도 생각지 못한 축복을 받았습니다. 그가 받은 축복은 그가 꾼 꿈을 훨씬 뛰어넘었습니다. 하나님을 알 때, 또 하나님께서 우리를 위하여 계획을 가지고 계시다는 사실을 알 때, 우리는 결연히 앞으로 나아가게 됩니다. 요셉이 그랬습니다. 하나님께서 나의 옹호자요 변호자가 되시는데, 그 누가 그분과 왈가왈부 논쟁할 수 있겠습니까? 이제 예수 그리스도께서는 우리에게 내적인 힘을 주십니다. 그래서 우리 속에는 늘 힘이 샘솟습니다. 그게 우리 그리스도인의 삶의 특징입니다. 요셉은 하나님의 영원한 사명을 이루기 위한 하나님의 도구였습니다. 하지만 그 사명이 무엇인지는 요셉 자신도 그 당시엔 몰랐습니다.

묵상 및 적용

1. 어렵고 힘든 시기를 겪고 있을 때, 하나님을 아는 것은 어떻게 도움을 줍니까?

2. 삶에서 지금 충성됨과 부지런함이 필요한 영역은 무엇입니까?

3. 과거에 경험한 성공과 실패를 떠올려 보십시오. 그 상황에서 당신은 하나님을 어떤 시야로 바라보았습니까? 그리고 자기 자신을 어떤 시야로 바라보았습니까?

제 4 장

뜻밖에 일격을 당하다

...요셉은 용모가 준수하고 아담하였더라.
그 후에 그 주인의 처가 요셉에게
눈짓하다가 동침하기를 청하니,
요셉이 거절하며... 이르되,
"...내가 어찌 이 큰 악을 행하여
하나님께 득죄하리이까?"
여인이 날마다 요셉에게 청하였으나
요셉이 듣지 아니하여 동침하지 아니할 뿐더러
함께 있지도 아니하니라.
창세기 39:6-10

제 4 장

뜻밖에 일격을 당하다

죄에는 "안 돼", 하나님께는 "예"

마침내 세상을 다 얻은 것 같은 느낌이 든 적이 있습니까? 모든 게 정말 잘 풀리고 있었습니다. 가정과 일이 모두 균형을 잘 이루고 있었습니다. 바야흐로 오랫동안 염원하던 목표들이 막 이루어지려는 순간이었습니다. 그런데 그때 갑자기….

요셉이 놓인 처지가 바로 이와 같았습니다. 앞에서 보았듯이, 요셉은 처음에는 힘들었겠지만 노예로서는 그리 나쁜 편이 아니었습니다. 처음에는 허름한 숙소에서 지냈는지 몰라도, 나중에는 보디발의 대저택에 딸린 방에서 생활하며 섬기는 등 잘 지냈습니다. 주인은 아니었지만 노예로서 주인이 누리는 모든 특권을 누렸습니다. 틀림없이 마음속 한편에는 과거에 받은 상처가 남아 있어 마음을 아프게 했겠지만, 거기에 빠져 있지 않고 주어진 기회를 최대로 활용하여 최악의 상황을 최선의 상황으로 바꾸었습니다. 그리고 상상도 못한 성공을 거두었습니다. 전혀 기대하지 않은 것이었습니다.

그는 목적이 분명한 삶을 살았습니다. 매사에 성실한 태도로 임했습니다. 주인의 신임을 받고 있었고, 주인에게 충성스럽고 유능한 사람이었습니다.

바야흐로 누가 봐도 확실한 성공을 눈앞에 두고 있었습니다.

날마다 유혹을 받다

그런데 바로 그때…. 보디발의 아내는 하루하루가 삶이 지루하고 따분하기만 했습니다. 그러던 어느 날 그 앞에 요셉이 나타났습니다. 요셉을 보니 용모가 준수하고 잘 생긴 젊은이였습니다(창세기 39:6). 여주인은 요셉에게 강한 성적 충동을 느꼈습니다. 처음에는 은근히 간접적인 암시만 주다가 가벼운 접촉을 시도하더니 점점 강도를 높여 계속 유혹하는 눈짓을 하였습니다. 그러나 노예인 요셉이 그 유혹에 전혀 반응을 보이지 않자, 마침내 드러내 놓고 직설적인 말로 명령을 했습니다. "나와 동침하자!"(7절).

보디발의 아내는 이 명령을 한 번이 아니라 계속 반복했습니다. 성경에 보면 "여인이 날마다 요셉에게 청하였으나"(10절)라고 되어 있습니다. 날마다 청하였습니다. 포기하지 않았습니다. 계교를 꾸미고 집요했습니다.

요셉은 주인 아내가 요청을 할 때마다 계속 거절했습니다(8절). 선한 이유에서였습니다. 주의 깊게 여주인에게 잘 설명했습니다.

> 나의 주인이 가중 제반 소유를 간섭지 아니하고 다 내 손에 위임하였으니, 이 집에는 나보다 큰 이가 없으며, 주인이 아무것도 내게 금하지 아니하였어도 금한 것은 당신뿐이니 당신은 자기 아내임이라. 그런즉 내가 어찌 이 큰 악을 행하여 하나님께 득죄하리이까? (창세기 39:8-9)

혈기 왕성한 젊은이로서는 얼마나 놀라운 통찰력인지 모릅니다. 참으로 용기 있는 행동이었습니다. 순간 요셉 마음에는 이런저런 생각들이 많이 스쳐 지나갔을 것입니다. 거부했다가는 무슨 화를 당할지 모르는 판국이었습니다. 그러나 요셉은 즉시 단호히 거절을 선택했습니다.

요셉은 왜 거부했을까요? 이유는 아주 단순하고 명확합니다. 하나님 때문이었습니다. 하나님에 대한 관점 때문이었습니다. 하나님께서 지켜보고 계신다는 사실이었습니다. 요셉은 사람을 두려워하기보다는 하나님을 더 두려워했습니다. 그래서 주인의 아내에게 이렇게 말했습니다. "내가 어찌 이 큰 악을 행하여 하나님께 득죄하리이까?"(9절).

그저 말로만 한 것이 아닙니다. 상투적이거나 고상한 척 얌전빼는 말도 아니었습니다. 요셉은 깊은 확신이 있었습니다. 하나님이 누구시며, 또한 하나님께서 자기에게 무엇을 기대하시는지를 알았습니다. 또한 사람은 아무도 보고 있지 않더라도 절대로 하나님으로부터 숨을 수 없다는 사실을 잘 알고 있었습니다. 요셉은 그 무엇보다 오직 하나님을 거역하는 게 두려웠습니다. 요셉 안에 있는 뭔가가 사람보다는 하나님을 더 두려워하게 했습니다. 그는 조상 때부터 섬겨 온 '하나님'을 잘 알고 있었습니다. 그래서 사람보다 하나님을 더 두려워한 것입니다.

주인의 아내한테서 오는 압력은 강도가 점점 더 세졌습니다. "여인이 날마다 요셉에게 청하였으나, 요셉이 듣지 아니하여 동침하지 아니할 뿐더러 함께 있지도 아니하니라"(10절). 여주인이 날마다 그에게 요구하였지만, 그는 듣지 않았을 뿐더러 아예 함께 있지도 않았습니다.

차가운 현실

아무리 은밀히 이루어진다 하더라도 결국 죄는 드러나게 되어 있습니다. 요셉은 현명하게도 그 사실을 명확히 깨닫고 있었습니다. 그 다음에 무슨 일이 일어났을까요?

이것은 우리 자신이 당하는 유혹에도 마찬가지입니다. 결국에는 발각되고 말 것이라는 차가운 현실이 죄를 짓지 않도록 막아 줍니다. 우리에게는 본질상 온갖 죄를 은밀하게 즐기려는 경향이 있는데, 이 발각의 두려움이 죄로 기우는 자연적인 경향을 억제하도록 도와줍니다. 항상 우리 속에 있는 정욕이나 탐욕과 싸우고 있는 우리 자신을 볼 때 분명 이것은 사실입니다.

인생을 살아갈 때 예기치 않은 사건들이 일어나 뜻하지 않은 영향을 줄 때가 있습니다. 그때 과거로 되돌아가서 그 이야기를 다시 쓸 수는 없습니다. 인생을 다시 살 수는 없는 법입니다. 두려움은 우리를 사로잡아 통제합니다. 뿐만 아니라 우리가 하는 결정을 좌우하기도 합니다. 두려움 때문에 어떤 것을 포기하기도 하고 강화하기도 합니다.

우리 또한 요셉처럼 전혀 예기치 못했던 사건과 환경에 붙잡히곤 합니다. 예컨대, 직업이나 학업의 어려움, 결혼의 실패, 부당한 대우, 경제적 위협과 파탄, 이외에도 많은 것이 있습니다. 예기치 않은 역경 속에서, 우리의 인격과 믿음은 호된 시험을 맞습니다. 욥이 이렇게 말했습니다. "나의 가는 길을 오직 그가 아시나니, 그가 나를 단련하신 후에는 내가 정금같이 나오리라"(욥기 23:10). 결과를 안다고 해서 일이 쉬워지지는 않습니다. 우리 삶은 안으로나 밖으로나 여전히 그 시험을 통과해야만 합니다.

진짜 싸움

그러나 진짜 싸움은 밖이 아니라 안에서 일어납니다. 우리 마음과 생각 속에서 벌어집니다. 바로 그곳에서 두려움과 염려, 수치와 죄책감, 교만과 자아가 우리의 마음과 정신을 지배하려고 격렬하게 싸움을 벌입니다. 그 싸움은 소망 대 절망의 싸움입니다. 신뢰 대 반역의 싸움입니다. 결사 항전 대 항복의 싸움입니다. 그 내적 싸움을 요셉은 너무도 잘 알았습니다. 그 싸움에서 끊임없이 요셉은 그만 포기하고 항복하라는 유혹을 받았습니다.

그러한 끊임없는 공격 속에서도 결코 굽히지 않고 계속 나아가게 하는 것은 무엇입니까? 다른 무엇보다도 그것은 '소망'입니다. 변치 않고 한이 없는 하나님의 사랑에 대한 소망입니다. 하나님의 궁극적인 절대주권에 대한 소망입니다. 그리스도께서 모든 악과 불의를 물리치시고 최후 승리를 얻으실 것에 대한 소망입니다. 우리를 향한 하나님의 '개인적인' 돌보심에 대한 소망입니다.

이러한 소망은 육체나 정신의 훈련, 또는 고행이나 수양 등에서 나오지 않습니다. 소망은 영혼 깊숙이 있는 '저수지'에서 솟아나옵니다. 이 저수지는 하나님의 말씀과 기도에 수개월 수년씩 오랫동안 침잠해 있을 때 가득 채워집니다. 소망은 평범한 일상생활에서 하나님의 선하심을 신뢰하는 데서 나옵니다. 소망은 이처럼 우리의 영에 영양을 풍성히 공급하는 데서 나옵니다. 이를 통해 우리의 영은 살지고 튼튼하게 되어, 이 같은 내적 싸움을 대비할 수 있게 됩니다.

요셉이 전에 이러한 사실을 얼마나 알고 있었는지는 알 길이 없습니다. 물론 그 기초는 아버지 야곱, 할아버지 이삭, 증조할아버지 아브라함이 놓았습니다. 우리 또한 자신이 겪는 시련을 통해 가족에게 이러한 영적 유산을 물려줄 기초를 놓게 됩니다.

갑작스런 몰락

죄는 날마다 우리 앞에 모습을 드러내며 우리를 대적합니다. 정말 끈질깁니다. 때로는 유혹 하나가 삶을 송두리째 뒤바꾸어 놓기도 합니다. 우리가 어떻게 반응하든 상관없이 우리

결심을 철저히 테스트합니다. 그 유혹에 맞서기보다는 도리어 굴복하는 게 훨씬 마음 편해 보이고, 어쩌면 즐겁게 보이기까지 합니다. 그 유혹은 단지 성적인 것만은 아닙니다. 부정직, 불성실, 탐욕, 분노, 비방, 증오, 쓴 뿌리 등 많습니다. 이때 우리는 무언가 분명한 결정을 내려야 할 시점에 다다르게 됩니다. 그리고 그 결정은 우리 삶에 엄청난 영향을 미치게 됩니다.

하루는 요셉이 일을 보러 집 안으로 들어갔는데 마침 집 안에 주인 아내 말고는 아무도 없었습니다(11절). 모두가 주인 아내가 철저히 계획한 것이었습니다. 마침내 그 넓은 집에 요셉 혼자 있게 되었습니다. 요셉이 아무 눈치를 채지 못하고 방심하게 했습니다. 이 기회를 이용하여 주인의 아내는 곧장 요셉의 옷을 꼭 잡고 노골적으로 요구했습니다. "나와 동침하자!" 이에 요셉은 자기 옷을 여주인의 손에 버려두고 도망쳐 나왔습니다(12절).

요셉이 보인 반응에 주인 아내는 머리끝까지 화가 났습니다. 크게 소리를 질러 댔습니다. 그리고 앙심을 품었습니다.

그러고는 집 안 노예들을 불러서 요셉이 자기를 겁탈하려 했다고 거짓말했습니다.

> 집 사람들을 불러서 그들에게 이르되, "보라. 주인이 히브리 사람을 우리에게 데려다가 우리를 희롱

하게 하도다. 그가 나를 겁간코자 내게로 들어오기로, 내가 크게 소리 질렀더니, 그가 나의 소리 질러 부름을 듣고 그 옷을 내게 버려두고 도망하여 나갔느니라" 하고. (창세기 39:14-15)

그녀는 똑같은 거짓말을 남편 보디발에게도 했습니다(19절). 보디발은 십중팔구 아내의 거짓말을 알아차렸을 것입니다. 만약 아내 말을 정말로 믿었다면, 틀림없이 아무 재판도 없이 요셉을 사형시켜 버렸을 것입니다. 노예가 주인 아내를 겁탈하려 하다니 도저히 용서할 수 없는 일입니다. 당시 노예 목숨은 파리 목숨과 같았습니다.

아내를 믿건 믿지 않건, 보디발은 뭔가 조치를 해야 했습니다. 그래서 요셉을 잡아 감옥에 넣었습니다. 이 감옥은 특별한 감옥으로 "왕의 죄수를 가두는 곳"이었습니다(20절).

모든 게 형통하고 승승장구하던 요셉에게는 맑은 하늘에 날벼락과도 같았습니다. 한창 올라가고 있었는데 이걸로 끝이었습니다. 주인에게 아주 충성스럽고 신실하고 유능했던 사람이 타인의 악의적인 거짓말 때문에 맨 밑바닥으로 추락하게 되었습니다. 또 다시 가까운 사람이 저지른 불의한 행위 탓에 갑작스럽게 파멸을 맞았습니다.

두 가지 교훈이 뚜렷이 나타납니다.

1. 죄는 항상 우리를 대항하여 맞설 것이다. 우리는 이에 대응하여 분명한 선택을 해야 한다.

2. 하나님 명령에 순종한다고 해서 항상 성공하거나 형통하는 것은 아니다. 때로는 부당해 보이는 결과를 낳을 수도 있다.

의롭게 행동했는데 불의한 일을 당하다니 요셉에게는 너무도 불공정한 일이었습니다! 그렇습니다. 인생에는 이런 일이 비일비재합니다. 악은 불공평을 낳습니다. 정말 그럴까 하는 의심이 든다면, 눈을 들어 주위를 둘러보십시오. 이 세상에 많은 사람들이 겪고 있는 비참한 형편을 바라보십시오. 대부분 가난이나 범죄, 불의의 희생물입니다. 자신을 방어할 수 없는 사람들입니다.

이와 같은 때에 어디로 향해야 합니까? 마땅히 할 일을 다하며 또 신실하게 살아도, 여전히 고통을 당할 때 어디로 돌아가야 합니까?

손에 움켜쥔 한 줌 재처럼 가루가 되어 사라져 버리는 게 인생입니다. 이때가 바로 삶에서 믿음이 전면에 등장하게 되는 때입니다. 믿음이 중요해지는 때입니다. 당신은 하나님께서 궁극적으로 공의를 이루시리라 믿습니까? 인생길을 하나님의 뜻대로 인도하시리라 확신할 수 있습니까? 이와 같이

요셉의 길이 절대 불가능하게 보일 때도 하나님을 신뢰하겠습니까? 나방이 불꽃으로 달려들 듯, 죄가 우리를 나방처럼 불 속으로 끌어 갈 때, 돌아서서 달아나겠습니까?

우리는 마땅히 그래야만 합니다. 우리는 할 수 있습니다. 하지만 자기 힘으로는 안 됩니다. 하나님의 힘으로라야 됩니다. 그러면 하나님께서 궁극적으로 이 선택을 축복하실 것입니다.

지금 자신이 겪고 있는 현실이 가슴 찢어질 듯 너무도 고통스럽습니까? 뭐가 어떻게 돌아가는지 아는 것도 없고, 볼 수 있는 것도 없습니까? 요셉도 그랬습니다.

요셉은 감옥에 갇혔습니다. 그게 요셉이 내디뎌야 할 다음 발걸음이었습니다. 피할 수 없었습니다. 그리고 그는 하나님께서 자기 삶 속에서 행하고 계시는 일에 믿음으로 굴복했습니다.

> **사람이 감당할 시험밖에는 너희에게 당한 것이 없나니, 오직 하나님은 미쁘사 너희가 감당치 못할 시험 당함을 허락지 아니하시고, 시험당할 즈음에 또한 피할 길을 내사 너희로 능히 감당하게 하시느니라. (고린도전서 10:13)**

묵상 및 적용

1. 사람들은 흔히 부도덕한 죄를 어떻게 거부합니까?

2. 죄를 지으려는 유혹을 받을 때 하나님을 두려워한다는 것은 무슨 의미가 있습니까?

3. 당신이 불의한 일을 당한다면 어떻게 반응하겠습니까? 다른 사람이 불의한 일을 당한다면 어떻게 반응하겠습니까?

제 5 장

잿더미에서 일어서다

이에 요셉의 주인이 그를 잡아 옥에 넣으니
그 옥은 왕의 죄수를 가두는 곳이었더라.
요셉이 옥에 갇혔으나 여호와께서 요셉과 함께하시고
그에게 인자를 더하사 전옥에게 은혜를 받게 하시매,
전옥이 옥중 죄수를 다 요셉의 손에 맡기므로
그 제반 사무를 요셉이 처리하고.
창세기 39:20-22

제 5 장

잿더미에서 일어서다

계속 선을 행하라

요셉은 자라면서 아버지한테 '어떤 사람'과 씨름한 이야기(창세기 32:22-32)를 귀가 닳도록 들었습니다. 그 이야기를 듣고 또 들어도 결코 지루해하거나 싫증내지 않았습니다. 나중에 밝혀지지만 '그 사람'은 그냥 단순히 사람이 아니었습니다. 야곱은 그 사람에게 "당신이 내게 축복하지 아니하면 가게 하지 아니하겠나이다" 하며 끈질기게 붙잡고 매달렸습니다.

그 사람이 자기가 야곱을 이기지 못하는 것을 알고는 야곱의 엉덩이뼈를 쳤습니다. 야곱은 그 사람과 씨름하는 도중에 엉덩이뼈가 어긋나게 됐습니다. 그 후로 야곱은 절뚝거리며 걷게 되었습니다. 그 절뚝거리며 걷는 모습은 하나님을 눈으로 볼 수 있게 상기시켜 주는, 살아 있는 증거였습니다. 야곱

자신에게뿐 아니라 총애하는 아들 요셉에게도 하나님을 떠올리게 했습니다. 아버지가 저는 모습을 볼 때마다 요셉 마음에서는 이 전능하신 하나님이 결코 떠나지 않았습니다.

요셉은 증조할아버지인 아브라함의 이야기(창세기 22:1-14)를 생각할 때에도 이 하나님이 떠올랐습니다. 아브라함이 아들 이삭 곧 자기 할아버지를 제물로 드린 이야기입니다. 왜 사람이 자기 아들을 제물로 드리는 이런 일까지 하게 되었을까? 아브라함이 그렇게 한 이유는 단순했습니다. 하나님께서 그에게 명하셨기 때문입니다. 그리고 하나님께서는 거기서 그를 만나셨습니다.

복잡한 문제

요셉은 또한 자기 집안의 얽히고설킨 복잡한 인간관계도 떠올렸습니다. 큰아버지 에서와 아버지 야곱 사이에는 늘 긴장감이 맴돌았는데, 급기야 그 긴장 관계는 한층 더 확대되어 할아버지는 큰아버지인 에서를 편애하고, 할머니는 자기 아버지인 야곱을 편애하게 되었습니다.

요셉은 바로 할머니가 편애했던 아들인 야곱이 편애하는 아들이었습니다. 요셉은 아버지가 자기를 각별히 사랑하여 자기를 위해 지어 준 채색 옷을 떠올렸습니다. 또 어머니라헬에 대한 여러 가지 아름다운 추억을 떠올리기도 했습니다. 라헬은 야곱이 가장 사랑한 아내였습니다. 요셉은 일부다처인 가정에서 다른 세 어머니와 그 자식들 사이에 끊이지 않았던 긴장 관계도 기억났습니다.

낯선 땅, 차가운 감옥에 누워 요셉은 지난날을 돌이켜 보았습니다. 돌이켜 보면 인생이 전에도 복잡했는데, 지금은 더 복잡해졌을 뿐입니다. 요셉이 청소년 시절에 꾸었던 소박한 꿈은 현실이라는 길을 걸으면서 완전히 좌절되어 버렸습니다. 요셉은 어떤 식이 됐든 가족들 사이에 있는 끊임없는 갈등에서 빠져나온 게 어쩌면 차라리 잘됐다는 생각이 들었을는지도 모릅니다.

그런데 이건 무엇인가? 감옥이라니? '선'을 이루기 위한 것인가?

요셉은 실제로 주인인 보디발을 좋아했습니다. 보디발은 그를 잘 대해 주었고, 그에게 큰 기회를 주었습니다. 그런데 이제 요셉은 그 기회를 날려 버렸습니다. 아니면 보디발이 날려 버린 것인가요?

요셉은 지난 일을 하나하나 자세히 돌이켜 보았습니다. 모든 게 혼란스러웠습니다. 도무지 갈피를 잡을 수 없었습니다. 의심이 몰려왔습니다. 주인 아내의 고함 소리와 증오가 이전까지 요셉에게 보여 준 호의적 관심을 삼켜 버렸습니다. 마지못하는 척하면서 적당히 타협하는 게 더 쉬운 길이었는지

잿더미에서 일어서다 69

도 모릅니다.

그러나 요셉은 절대 그렇게 할 수 없었습니다. 아버지 야곱이 말씀하신 하나님의 능력이 그를 늘 붙들었고 그를 막았습니다. 그 하나님께서 지금 멀리 계신 것 같아도 여전히 아주 가까이 계셨습니다. 요셉은 자기와 함께하시는 하나님의 임재를 느꼈습니다. 그건 말로 표현할 수가 없는 것이었습니다.

나를 건져 주소서

요셉이 마주친 상황은 우리도 흔히 마주치는 상황입니다. 특히 인생의 중요한 전환점에서 자주 맞닥뜨립니다.

나 역시 이런 상황을 경험한 적이 있습니다. 십대 시절 영적으로 어릴 때 일입니다. 죄와 맞닥뜨렸을 때 거기서 도망쳐 나오다시피 했던 기억이 납니다. '뭔가'가 나를 막아 죄에서 떠나게 했습니다. 또래 애들 중 하나가 주머니에서 뭘 꺼내어 보여 주었는데, 마약 성분이 든 담배였습니다. 그리고 그걸 입에 물더니 아주 자랑스러운 자세를 했습니다. 나는 순간 호기심이 들기도 했지만 단호하게 거절하고 그 자리를 즉시 떠났습니다.

당신은 어떻습니까? 하나님께서 당신을 건져 주신 경험이 있습니까? 그때가 언제입니까? 하나님께서는 지금 당신을 어떻게 건져 주고 계십니까? 소리 없는 절망감에 싸여 있을 때 하나님께서는 당신에게 무어라 말씀하고 계십니까? 당신은 그 음성을 귀 기울여 듣고 있습니까? 당신의 삶을 뒤덮은 어둠의 시기가 도리어 새로운 깨달음과 성장의 기회가 될 수도 있습니다.

나는 지금도 기억이 생생합니다. 사랑하는 아들이 까닭도 없이 괴한이 쏜 총에 맞아 어처구니없이 뜻밖의 죽음을 당하고 난 후였습니다. 어둠이 온통 나를 뒤덮었습니다. 어둠 속에서 정신을 놓고 멍하니 앉아 있었습니다. 아무것도 보이지 않았습니다. 도저히 몸을 가눌 수조차 없었습니다. '아들이 총에 맞을 그때 하나님은 어디에 계셨지? 왜 이런 슬픔이 갑자기 우리 삶을 사정없이 찔러 이토록 고통스럽게 하지?'

그때까지만 해도 우리 삶은 아주 즐거웠습니다. 개인적으로도, 가정적으로도, 사역에서도, 사회적으로도 주님의 은혜로 형통하고 있었습니다. 물론 인생길에서 겪는 몇 가지 작은 사고는 이따금 있었습니다. 하지만 이는 누구나 겪는 일이라 별 문제가 안 되었습니다.

그러나 아들의 무의미한 죽음, 이번만은 전혀 다른 문제였습니다. 사랑하는 아들이 끔찍한 범죄의 희생물이 되어 생명을 빼앗기다니!

나는 절망의 감옥에 갇혀 있었습니다. 모든 게 혼란스러웠고 명확한 판단이 서질 않았습니다. 생각을 하려 해도 생각이

나질 않았습니다. 지금까지 전심으로 하나님을 따르려고 애써 왔지 않은가? 우리 부부는 서로에게 헌신해 왔지 않은가? 우리는 진실로 주님께 순종하는 경건한 사람이 되기를 원했지 않은가? '그런데 왜 이런 일이 우리에게 일어났는가?' 하는 의문이 머리에서 떠나질 않았습니다.

다시 일어서다

나의 삶은 도저히 납득이 안 가는 충격적인 일을 당한 상태였습니다. 요셉과 같이 나는 기다려야 했습니다. 서서히 삶을 다시 일으켜 세워야 했습니다. 그러나 요셉과는 달리, 나는 혼자가 아니었습니다. 나는 사랑하는 딸들과 아내가 겪는 고통을 그냥 지켜보았습니다. 그들 손을 꼭 잡고 안아 주는 것 말고는 할 수 있는 게 아무것도 없었습니다. 무슨 말로 위로해야 할지 아무런 말이 생각나지 않았습니다.

선택은 둘 중 하나였습니다. 포기하고 주저앉든지, 아니면 일어나서 다시 하나님을 사랑하든지.

사람들이 흔히 하는 말 중에 이런 말이 있습니다. '쓰러지거든 다시 일어나 계속하라!' 이 말은 그냥 위로하기 위해서 하는 상투적인 말이 아닙니다. 흔히 말하는 적극적 사고방식도 아닙니다. 스스로 동기를 얻으려고 되뇌는 모토도 아닙니다. 그 이상의 의미가 있습니다. 아무리 넘어져도, 포기하거나 주저앉아 있지 말고 일어나서 다시 시도하십시오. 그러기 위해서는 용기가 필요합니다. 연단 과정을 거부하지 않고 기쁘게 받아들여야 합니다. 또한 원래로 다시 돌아오는 회복 능력을 키워야 합니다. 고난을 딛고 일어선 사람들의 삶을 관찰해 보면 용기, 연단, 회복 이 세 가지 요소를 갖추고 있는 것을 볼 수 있습니다. 이러한 삶이 진정 위대한 삶입니다.

요셉은 그와 같은 사람이었습니다. 아니 그 이상이었습니다. 요셉이 다시 일어서게 된 것은 그가 하나님 앞에서 가진 선한 마음의 결과요, 또한 하나님께 대한 깊은 헌신의 결과였습니다. 이 하나님은 아버지 야곱이 섬긴 하나님과 동일한 하나님이었습니다.

열심히 선을 행함

감옥에 갇혀서도 요셉은 섬기는 삶을 살았습니다. 수고를 마다하지 않고 열심히 일했습니다. 또한 일을 잘했습니다. 감옥의 여러 필요를 살펴보고 부지런히 채웠습니다. 능력이 뛰어났습니다. 그래서 능력 있는 사람으로 알려졌습니다. 예수님과 같았습니다. 성경은 예수님에 대하여 이렇게 증거합니다. "사람들이 심히 놀라 가로되, '그가 다 잘하였도다!…'"

(마가복음 7:37). "여호와께서 요셉과 함께하시고 그에게 인자를 더하사 전옥에게 은혜를 받게 하시매"(창세기 39:21). 요셉이 이처럼 열심히 섬긴 것은 감옥의 우두머리인 전옥의 총애를 얻어 내기 위한 '의도적 행위'가 아니었습니다. 그보다는 부지런히 헌신적으로 섬기는 삶을 살다보니 자연스럽게 전옥에게 은혜를 입게 된 것입니다. 이윽고 전옥은 옥중 죄수를 다 요셉 손에 맡겼고, 요셉은 옥중 모든 사무를 탁월하게 처리하였습니다. 전옥은 무슨 일이든 요셉의 손에 맡긴 후에는 간섭하지 않았습니다(22-23절).

하나님께서는 이처럼 요셉의 헌신적이고 탁월함을 추구하는 태도를 높여 주셨습니다. 그러나 여전히 그를 계속 감옥에 두셨습니다.

우리는 앞일을 내다보면서 이렇게 생각할 수도 있습니다. '내가 이 이야기를 알고 있는데, 조금 있으면 떡 굽는 관원장과 술 맡은 관원장이 등장하게 되고, 그러면 요셉은 감옥에서 나갈 수 있는 기회를 붙잡게 될 거야.' 그러나 그것은 요셉의 동기도, 요셉의 계획도 아니었습니다. 그는 하나님으로부터 아무 말씀도 못 들었습니다. 미래를 전혀 볼 수 없었습니다. 하루하루 그냥 묵묵히 충성스럽게 섬겼습니다. 훗날 예수님께서 그러셨듯이 두루 다니며 착한 일을 행하였습니다(사도행전 10:38). 요셉은 마음만 먹으면 도망칠 기회가 있었을지도 모릅니다. 하지만 그 상황에서 도망치려고 하지 않았습니다.

이것이 **요셉의 길**의 중요한 핵심입니다. 즉 장래에 대하여 전혀 모르면서도 요셉은 무슨 일이 주어지든 그저 충성스럽게 열심히 하였습니다. 장래와 연관하여 무슨 거래나 보장이나 약속도 없었습니다. 무슨 '성공에 이르는 단계'도 없었습니다. 그는 여전히 노예였습니다. 전에는 보디발의 노예였는데, 지금은 죄수인 노예일 뿐입니다. 특별히 내세울 게 아무것도 없는 사람이었습니다. 게다가 이방인이었고 갇혀 있는 죄수 신세였습니다. 가진 것도 없고, 기약도 없고, 미래도 없었습니다.

어쩌면 우리도 인생에서 이런 지점에 다다르는 경험을 할 수도 있습니다. 아무것도 가진 게 없고, 섬기며 기다리는 것 외에는 아무것도 할 수 없는 지점 말입니다. 나치 독일 치하에서 있었던 일이 그런 경우라는 생각이 듭니다. 어떤 이는 악에 굴복하지 않고 계속 선을 행하다가 이로 인해 고난을 받고 생명을 잃었습니다. 이는 또한 초대교회 성도들이 겪었던 것이기도 합니다. 그들은 신앙 때문에 감옥에 갇히기도 하고, 때로는 죽임까지 당했습니다. 그리고 지난 세월 수많은 순교자들이 당한 희생도 그런 것이었습니다. 오늘날 그들의 이름은 대부분 사람들 기억에서 잊혔지만 주님께서는 잊지 않고 기억하고 계십니다.

이들 각 사람은 주위 세상에 변화를 가져왔습니다. 그들은 심지어 자신이 겪는 고독하고 고통스런 상황과 환경의 끝을 볼 수 없었음에도 불구하고 계속 선을 행하였습니다.

요셉처럼 우리는 앞날을 '미리 읽을' 수가 없습니다. 이 세상에서 나중에 행복하게 살게 되리라고 미리 말할 수가 없습니다. 요셉은 내일 무슨 일이 일어날지를 전혀 몰랐습니다. 하루하루 하나님께서 주시는 지혜로 살아야 했습니다. 그 지혜가 오늘 우리에게도 이렇게 말씀하고 있습니다. "내일 일을 위하여 염려하지 말라"(마태복음 6:34). "무릇 네 손이 일을 당하는 대로 힘을 다하여 할지어다"(전도서 9:10).

묵상 및 적용

1. 요셉이 전옥에게 은혜를 입은 까닭은 무엇입니까?

2. 자신이나 다른 사람의 삶을 보면서, 꾸준히 선을 행할 때 기회의 문이 열리는 것을 경험한 적이 있습니까?

3. 삶이 어렵고 힘들어질 때 계속 나아가도록 도와준 것 중에 가장 큰 것은 무엇입니까?

제 6 장

은혜를 입는 비결

이는 여호와께서 요셉과 함께하심이라.
여호와께서 그의 범사에 형통케 하셨더라.
창세기 39:23

제 6 장

은혜를 입는 비결

맡은 일에 충성하라

요셉이 겪은 감옥 생활은 어떠했을까요? 정말 열악한 환경이었을 것입니다. 오늘날처럼 텔레비전도, 도서관도, 체력 단련 시설도 없었습니다. 운동 시간도 주어지지 않았습니다. 하루 세 끼 식사에 대한 보장도 없었습니다. 누가 돌봐 주기를 기대할 수도 없었습니다. 심지어 그가 그 감옥에 있다는 사실조차 아무도 몰랐습니다. 누군가 그걸 알고 있기를 기대하는 것도 있을 수 없는 일이었습니다. 아무도 요셉을 면회했다는 기록이 없습니다. 음식이나 의복을 넣어 줄 가족이나 친척이 가까이에 아무도 없었기 때문입니다.

그에게 제공된 것은 잠자리용 널판 하나, 용변용 구덩이 하나, 굶어 죽지 않을 정도의 맛도 없는 음식이 전부였습니다.

보디발의 집에서 누리던 것과는 완전히 딴판이었습니다.
 심지어 여러 해에 걸친 수감 생활 끝에 간수들에게 신임을 받게 된 후에도, 요셉은 여전히 감시 아래 있었을 뿐 아니라, '옥'(창세기 41:14)에 있었습니다. 그 옥은 토굴 형태로 된 지하 감옥이었습니다.
 그러나 요셉이 겪는 이러한 고초가, 계속되는 요셉 이야기의 초점은 아닙니다. 성경은 재빨리, 감옥의 우두머리인 전옥이 요셉을 높이 평가하게 되었고, 요셉에게 사실상 감옥의 모든 사무를 처리할 책임을 다 맡긴 것을 기록하고 있습니다. 어떻게 그런 일이 일어날 수 있었을까요? 요셉이 믿은바 절대주권을 가지신 하나님께서 계속 역사하고 계셨던 것입니다.

패턴이 반복되다

 요셉이 보디발 집에서 감옥으로 가면서 아주 많은 변화가 있었습니다. 그러나 한 가지 커다란 요소는 변하지 않고 남아 있었습니다. "여호와께서 요셉과 함께하셨다"는 사실입니다(창세기 39:2,3,21,23). 여호와께서는 보디발의 집에서 요셉과 함께하셔서 그 주인 보디발에게 은혜를 입게 하셨듯이(2-4절), 또한 감옥에서도 요셉과 함께하셔서 전옥에게 은혜를 받게 하셨습니다(21-23절).

하나님께서 주신 이 은혜가 또 다시 요셉을 일으켜 세워 온전히 신뢰와 신임을 받고, 중요한 책임을 맡는 데까지 이르게 했습니다. 패턴이 반복되었습니다. 보디발이 요셉을 가정 총무로 삼고 자기의 소유를 다 요셉의 손에 위임한(4절) 것과 같이, 이번에는 전옥이 옥중에 있는 모든 죄수를 다 요셉의 손에 맡겼고, 요셉이 그 제반 사무를 처리하였습니다(22절).

한 번 더 요셉은 자기가 모시는 사람을 계속 충성스럽게 섬겼고, 그 섬김은 주인의 마음을 시원하고 편안케 해 주었습니다. 보디발이 "그 소유를 다 요셉의 손에 위임하고 자기 식료 외에는 간섭하지 아니"한 것처럼(6절), 전옥은 요셉의 손에 맡긴 것은 무엇이든지 돌아보지 아니하였습니다(23절).

요셉의 뛰어난 성공은 여전히 같은 근원에서 나왔습니다. 즉 '하나님이 함께하심'이었습니다. 보디발 집에서 여호와께서는 요셉과 함께하셔서 그의 범사에 형통케 하셨습니다(3절). 이제 감옥에서도 여호와께서는 요셉과 함께하셔서 그의 범사에 형통케 하셨습니다(23절).

당신의 하나님은 누구신가

성경은 이렇게 간략하게 요셉의 감옥 생활을 기록하고 있습니다. 가장 중요한 핵심 사항만 끄집어내어 이야기합니다.

요셉이 처음 감옥에 들어와서 나중에 전옥에게 신임을 받아 감옥의 제반 사무를 책임 맡는 데까지 이르게 된 뒷이야기를 한번 추측해 보면 다음과 같습니다.

요셉이 투옥된 후에, 감옥 소장은 경비병을 보내 새로 들어온 죄수를 자기 앞으로 데려오게 했습니다. 이 감옥에 갇힌 죄수들은 왕명을 범한 고위 관리들이었기 때문에, 아무나 접근할 수 없는 권력 중심부에 대한 구체적인 정보를 많이 알고 있었습니다. 감옥 소장으로서는 자세히 알아 두면 참 흥미진진하고 유익한 내용이었습니다. 이를테면, 왕권 경쟁자들이 누구며, 어떤 계략과 모의가 은밀히 진행되고 있는지 등등 떠도는 소문에 대한 구체적인 정보를 입수할 수 있는 좋은 기회였습니다.

더욱이 요셉은 이제 더 이상 이름 없는 한낱 외국인 노예가 아니었습니다. 그동안 보디발은 이 뛰어난 종에 대하여 침이 마르도록 자랑했습니다. 보디발은 마이더스의 손을 가진 이 히브리 노예에게 아주 큰 책임을 맡겼습니다. 요셉은 정기적으로 지역사회를 돌며, 식료품을 구입하고, 일꾼들을 고용하고, 이 큰 집을 운영하는 데 필요한 모든 사무를 처리하였습니다. 이 과정에서 요셉은 점점 더 명성을 얻었습니다. 많은 상인과 은행가가 그를 알았습니다. 보디발을 찾아온 궁정 관리들은 요셉이 자기 직무를 아주 충성스럽게 처리하는 것을 보았습니다.

그리고 이제 어느 시대에서나 있는 뜨거운 스캔들이 터졌습니다. 보디발의 아내가 요셉을 고소한 사건을 모르는 사람이 없었습니다. 보디발의 아내는 행실이 별로 안 좋은 여자로 이미 지역사회에 소문이 나 있었습니다. 사실이든 아니든, 믿거나 말거나, 보디발의 아내와 요셉 사이에 일어난 일은 호기심을 자아내는 이야깃거리로 모든 사람의 입에 오르내렸습니다.

감옥 소장은 경비병이 그 새로운 죄수를 데려오자 대뜸 이렇게 물었습니다. "야, 나한테만 솔직히 말해 봐. 무슨 일이 있었던 거야?"

"저는 아무것도 안 했습니다."

"뭐라고? 정말이야?"

이렇게 해서 요셉은 사건의 자초지종을 소장에게 이야기했습니다. 소장은 다 듣더니 이렇게 말했습니다.

"아니, 그 여자가 얼마나 권세 있는지 몰랐어? 그 여자가 두렵지 않았단 말이야?"

"저는 그 여자보다 저의 하나님을 더 두려워했습니다."

"너의 하나님? 넌 마치 그분이 여기 계시는 것처럼 이야기하는구나."

"지금 여기 계십니다. 그리고 그분은 유일하신 하나님이십니다."

"허허, 여기 애굽에는 많은 신들이 있어. 그 신들 중 아무도 너에게 신경 안 써. 아무 관심도 없다고. 그중에 지금 누가 너의 하나님인데?"

그때 요셉은 증조할아버지 아브라함, 할아버지 이삭, 아버지 야곱의 이야기를 소장에게 들려주었습니다. 그가 어린 시절부터 들었던 이야기였습니다. 그들이 하나님과 어떻게 만났는지를 이야기해 주었습니다.

그러자 이윽고 소장은 보다 실제적인 관심사로 대화를 돌렸습니다. "듣자하니 넌 아주 특별나게 일을 잘할 뿐더러 아주 믿을 만한 사람이라고 하더구나. 내 너에게 몇 가지 과제를 맡기고 싶구나."

"말씀대로 하겠습니다."

이렇게 해서 요셉은 점점 더 많은 일을 맡게 되었습니다. 요셉에 대한 소장의 신임은 계속 더욱 두터워졌습니다. 마침내 소장은 옥중 죄수를 다 요셉의 손에 맡겼고, 감옥의 제반 사무를 처리하게 했습니다(22절). 요셉이 이렇게 된 까닭은, 첫째는 여호와께서 요셉과 함께하셨기 때문이요, 둘째는 여호와께서 요셉의 범사에 형통케 하셨기 때문입니다(23절). 요셉이 할 일은 오직 자신이 맡은 일을 부지런하고 충성스럽게 잘 처리하는 것이었습니다.

충성스럽게 섬기라

예수님을 따르는 자로서, 우리는 모두 요셉처럼 주님의 임재와 보호를 온전히 확신할 수 있습니다. 우리에게는 주님께서 하신 다음과 같은 약속이 있기 때문입니다. "볼지어다. 내가 세상 끝 날까지 너희와 항상 함께 있으리라"(마태복음 28:20).

그리고 요셉이 자기 책임에 충성하도록 하나님의 부르심을 받았듯이, 우리도 같은 부르심을 받았습니다. "무슨 일을 하든지 마음을 다하여 주께 하듯 하고 사람에게 하듯 하지 말라"(골로새서 3:23). 이 부르심에 순종하여 충성스럽게 섬길 때, 우리는 하나님께서 우리와 함께하심을 알게 됩니다. 그렇다고 모든 일이 원하는 대로 돌아간다는 의미는 아닙니다. 요셉도 그와 같은 경험을 했습니다.

우리는 또한 '성공'을 확신할 수 있습니다. 요셉은 그것을 경험했습니다. 성공의 방식이 우리가 좋아하듯이 아주 단순하고 직선적이지 않을 수도 있습니다. 우리는 땅에 속한 번영과 형통을 약속받지 않았습니다. 우리가 약속받은 성공은 오로지 하나님의 손에 달려 있습니다. 하나님께서 택하신 때에 하나님께서 택하신 방법으로 주실 것입니다. 성경은 하나님의 종들 이야기로 가득합니다. 충성스럽게 살아감으로 형통한 사람도 있지만, 도리어 핍박을 받고 고초를 겪고, 심지어 순교까지 당한 사람도 있습니다. 지나간 역사 역시 그와 같은 이야기로 가득합니다. 전심으로 하나님을 섬겼음에도 불구하고 도리어 목숨을 잃은 사람들이 많이 있습니다.

히브리서 11장에는 믿음으로 충성된 삶을 살아 위대한 성공을 거둔 사람들 이야기가 나옵니다.

> 저희가 믿음으로 나라들을 이기기도 하며, 의를 행하기도 하며, 약속을 받기도 하며, 사자들의 입을 막기도 하며, 불의 세력을 멸하기도 하며, 칼날을 피하기도 하며, 연약한 가운데서 강하게 되기도 하며, 전쟁에 용맹되어 이방 사람들의 진을 물리치기도 하며, 여자들은 자기의 죽은 자를 부활로 받기도 하며…. (히브리서 11:33-35)

그렇습니다. 어떤 이들은 명백한 승리와 성취를 맛보았습니다. 그러나 모든 사람이 그런 것은 아닙니다. 히브리서 기자는 곧 이어 이른바 '성공'과는 거리가 먼 것처럼 보이는 사람들의 이야기도 기록하고 있습니다. 하지만 그들의 삶은 진실로 위대한 성공이었습니다.

> …또 어떤 이들은 더 좋은 부활을 얻고자 하여 악형을 받되 구차히 면하지 아니하였으며, 또 어떤 이들

은 희롱과 채찍질뿐 아니라 결박과 옥에 갇히는 시험도 받았으며, 돌로 치는 것과 톱으로 켜는 것과 시험과 칼에 죽는 것을 당하고, 양과 염소의 가죽을 입고 유리하여 궁핍과 환난과 학대를 받았으니(이런 사람은 세상이 감당치 못하도다), 저희가 광야와 산중과 암혈과 토굴에 유리하였느니라. (히브리서 11:35-38)

우리는 하나님께 그 어떤 보상도 요구할 권리가 없습니다. 하나님께서는 언젠가 반드시 가장 좋은 것으로 갚아 주십니다. 하나님께서는 우리에게 다음과 같이 말씀하십니다. "너는 마음을 다하여 여호와를 의뢰하고 네 명철을 의지하지 말라. 너는 범사에 그를 인정하라. 그리하면 네 길을 지도하시리라"(잠언 3:5-6). 하나님께서는 우리에게 승리를 약속하십니다. 그러나 그 길이 쉽다거나 만사가 형통하리라고만 말씀하시지 않습니다.

묵상 및 적용

1. 요셉의 삶을 보면 시간이 흐르면서 어떤 반복되는 패턴을 볼 수 있습니다. '역경을 만남, 요셉의 충성, 사람들과 하나

님의 은혜를 입음'이 그것입니다. 당신의 삶에서 두드러지게 나타나는 패턴은 무엇입니까?

2. 주님께서는 당신과 항상 함께 있으리라고 약속하셨는데, 일상생활에서 이것을 어떻게 경험하고 있습니까?

3. 현재 삶에서, 당신이 전심으로 받아들여야 할 책임은 무엇입니까?

제 7 장

다른 사람의 꿈을 세워 주다

당신이 득의하거든
나를 생각하고 내게 은혜를 베풀어서
내 사정을 바로에게 고하여
이 집에서 나를 건져내소서.
창세기 40:14

제 7 장

다른 사람의 꿈을 세워 주다

다른 사람을 섬기라

죄수 요셉이 충성스럽게 새로운 주인을 섬기며 선을 행할 때, 죄수 두 명이 새로 감옥에 들어왔습니다. 이유는 둘 다 바로의 노여움을 샀기 때문입니다. 물론 요셉은 그들을 이해할 수 있었습니다. 요셉도 그들도 모두 다 두터운 신임을 받고 중요한 책임을 맡고 있다가 감옥에 들어왔기 때문입니다. 하나는 바로의 떡 굽는 관원장이었고, 다른 하나는 바로의 술 맡은 관원장이었습니다. 이렇게 요직에 있던 죄수였기에, 시위대장은 당연히 요셉더러 시중을 들게 하였고, 요셉은 그들을 섬기게 되었습니다.

물론 지금까지 살펴본 요셉의 성품으로 보건대, 요셉은 이 책임을 충성스럽게 수행했을 것입니다. 그러나 그는 단지 능력 있고 부지런하기만 한 것이 아니라, 그 이상이었습니다.

요셉이 사람들을 섬기는 것을 보면, 단지 의무만으로 한 것이 아니라, 사람들에게 진정한 관심을 갖고 있었다는 사실을 알 수 있습니다. 요셉은 사람들에게 진실한 마음과 태도로 대했고, 그 결과 사람들은 그에게 마음을 열었습니다.

믿고 마음을 털어놓다

바로의 두 관원장이 감옥에 갇힌 지 상당한 시간이 지났습니다. 어느 날 밤 이 두 사람이 꿈을 꾸고는 수심에 잠겼습니다. 요셉은 항상 민첩하고 주의가 깊었기에 금방 알아차렸습니다. "아침에 요셉이 들어가 보니 그들에게 근심 빛이 있는지라"(창세기 40:6). 요셉이 이유를 물었더니 그에게 말해 주었습니다. 이로 보건대 틀림없이 요셉은 사람들이 믿고 마음을 털어놓을 수 있는 사람이었습니다. 이는 그의 인격 때문이었지, '문제가 있으면 제게 오십시오' 하고 알려 주는 무슨 명찰을 달고 있었기 때문이 아니었습니다. 꾸준히 선을 행하다 보면 사람들이 겪는 어려움을 알아차릴 수 있는 통찰력을 갖게 되고, 그것을 해결하기 위해 거기에 개입하게 됩니다. 심지어 자기 처지도 어렵고 남을 돌아볼 형편이 안 될 때에도 그렇게 행동합니다. 요셉은 이 죄수들에게 진정한 관심이 있었습니다. 그들에게 '친구'가 되었을 것입니다.

술 맡은 관원장이 먼저 요셉에게 자기 꿈을 말해 주었습니다. "내가 꿈에 보니 내 앞에 포도나무가 있는데, 그 나무에 세 가지가 있고 싹이 나서 꽃이 피고 포도송이가 익었고, 내 손에 바로의 잔이 있기로 내가 포도를 따서 그 즙을 바로의 잔에 짜서 그 잔을 바로의 손에 드렸노라(창세기 40:9-11).

요셉은 재빨리 그 꿈을 해석해 드렸습니다. "그 해석이 이러하니 세 가지는 사흘이라. 지금부터 사흘 안에 바로가 당신의 머리를 들고 당신의 전직을 회복하리니, 당신이 이왕에 술 맡은 자가 되었을 때에 하던 것같이 바로의 잔을 그 손에 받들게 되리이다"(12-13절).

술 맡은 관원장은 이 해석을 듣고 틀림없이 너무도 흥분되었을 것입니다.

이제 떡 굽는 관원장 차례였습니다. "나도 꿈에 보니 흰 떡 세 광주리가 내 머리에 있고 그 윗 광주리에 바로를 위하여 만든 각종 구운 식물이 있는데, 새들이 내 머리의 광주리에서 그것을 먹더라"(16-17절).

해석이 이번에는 상당히 달랐습니다. "그 해석은 이러하니 세 광주리는 사흘이라. 지금부터 사흘 안에 바로가 당신의 머리를 끊고 당신을 나무에 달리니 새들이 당신의 고기를 뜯어 먹으리이다"(18-19절).

그 떡 굽는 관원장은 이 해석에 어떤 반응을 보였을까요? 그가 얼마나 두려워했을지 쉽게 짐작이 갑니다. 적어도 그는 요셉이 진실을 감추려고 하지 않았다는 사실은 알았을 것입니다.

그리고 그것은 사실이었습니다. 3일 후 바로의 생일에, 바로는 술 맡은 관원장은 전직을 회복하고, 떡 굽는 관원장은 매달았습니다(20-22절). 정확히 요셉이 꿈을 해석한 그대로였습니다.

드디어 출구?

요셉은 술 맡은 관원장이 꾼 꿈을 해석한 후에, 개인적인 청을 덧붙였습니다. 술 맡은 관원장에게 이렇게 말했습니다. "당신이 득의하거든 나를 생각하고 내게 은혜를 베풀어서 내 사정을 바로에게 고하여 이 집에서 나를 건져내소서. 나는 히브리 땅에서 끌려온 자요 여기서도 옥에 갇힐 일은 행치 아니하였나이다"(창세기 40:14-15).

술 맡은 관원장에게 이 청을 할 때 요셉의 동기가 과연 순수했는지를 놓고 의문을 제기하는 이들도 있을 수 있습니다. 자기의 장래를 온전히 하나님의 손에 맡기지를 못하고, 대신 자기 뜻대로 자기의 환경을 주관하고 바꾸려는 게 아니냐는 것입니다. 요셉의 삶과 인격으로 보건대 결코 그렇지 않았으리라고 믿습니다. 지금까지 아주 부당한 대우를 받아

온 사람으로서 요셉이 한 요청은 충분히 이해할 만한 것이었습니다.

그런데 요셉의 청은 그 관원장에게는 중요한 게 아니었습니다. "술 맡은 관원장이 요셉을 기억지 않고 잊었더라"(23절). 어떻게 그런 일이 일어날 수 있는지를 추측하기란 어렵지 않습니다. 아마도 그 관원장은 왕의 총애를 회복하게 된 것을 아주 다행으로 여기고 다른 무엇을 하기를 두려워했을 것입니다. 아무리 사소한 것일지라도 뭔가 바로에게 의심을 살 수 있기 때문입니다. 뭐 하러 아무리 작은 모험인들 감수할 필요가 있겠습니까? 더구나 감옥에 갇혀 있고 보이지도 않는 곳에 있는 한낱 노예를 위하여 말입니다.

우리가 선을 행할지라도 보상을 받지 못할 때가 많습니다. 하지만 여전히 계속 선을 행해야 합니다. 때가 이르면 반드시 거두게 될 것입니다.

결정은 하나님께

요셉의 길에는 때로 장애물도 있습니다. 희망의 순간도 있습니다. 자비를 구하는 간청도 있습니다. 자신의 문제로부터 해방되는 구원의 열망도 있습니다. 그 길에는 이런 여러 가지가 수시로 여기저기 산재해 있습니다. 그 길은 표지판과

경고판이 있는, 똑바로 뻗은 평탄대로가 아닙니다. 그보다는, 길 안내판 자체가 하나도 없는, 구불구불한 숲길에 더 가깝습니다. 곳에 따라 희미하게 자국만 남아 있을 때도 있습니다. 때로는 잘 보이지 않아 더듬어 찾아가야 하기도 합니다. 그러나 그 길은 우리를 올바른 방향으로 인도합니다. 우리가 원하는 목적지로 인도합니다. 하지만 그곳은 한 번도 가 본 적이 없는 곳입니다.

그러면 우리가 해야 할 일은 무엇입니까? 계속 사람들을 섬기고, 사람들에게 꿈을 세워 주어야 합니다. 하나님의 때에, 하나님께서는 우리가 한 일에 보상해 주십니다. 하나님께서 하실 때에, 그것은 하나님의 영광을 위한 것이지 우리의 영광을 위한 것이 아닙니다.

윌리엄 해리슨 중장은 '크리스천 장군'으로 알려진 인물입니다. 지난 세기 중반에 미국 육군에서 40년간 복무했습니다. 전쟁 기간에 그는 야전에서 부대를 지휘하기 원했으나, 한 번도 그렇게 하지 못했습니다. 그는 항상 뒤에서 섬기는 역할을 했고, 충성스럽게 상관들의 명령을 수행하였습니다. 마침내 그는 적을 마주 대하는 자리에 임명되었습니다. 그곳은 야전이 아니라 테이블이었습니다. 아주 중요한 협상 테이블이었습니다. 한국 전쟁을 종식시키기 위한 휴전 협상에서 연합군을 대표하는 주도적인 역할을 맡았습니다. 연합군 대표단 수석대표로 임명된 것입니다.

사람들이 전혀 감사해하지 않을 때에도 섬겨야 합니다. 심지어 고난과 불의한 일을 당할 때에도 섬겨야 합니다. 우리가 힘이 있고 성공할 때에도 섬겨야 합니다. 이것이 바로 "네 이웃을 네 몸과 같이 사랑하라" 하신 말씀의 의미입니다.

사람들을 섬기고 그들이 성공하도록 돕는 일을 힘써야 하는 이유는 그것이 마땅히 해야 할 옳은 일이기 때문입니다. 우리는 이 사실에 근거하여 그저 단순하게 행하여야 합니다. 우리는 충성스럽고 선을 행하기를 선택해야 합니다. 그럴 때에 하나님께서는 우리를 어떻게 축복할지를 친히 결정하십니다.

묵상 및 적용

1. 대개 어떤 상황에 있을 때, 다른 사람에게 진정한 관심을 갖기가 어렵습니까?

2. 선한 일에 보상을 받지 못할 때 당신은 어떤 영향을 받습니까?

3. 당신은 다른 사람을 섬기는 것이 마땅히 해야 할 옳은 일이라 확신합니까? 그 이유를 적어 보십시오.

제 8 장

운명의 급반전

...하나님이 그 하실 일을
바로에게 보이심이니이다.

창세기 41:25

제 8 장

운명의 급반전

하나님께서 일하시는 것을 지켜보라

그것은 황금 같은 기회로 보였고, 물론 요셉은 그것을 붙잡았습니다. 요셉이 바로의 술 맡은 관원장의 꿈을 해석해 주었는데, 이것은 관원장에게 큰 힘과 격려가 되었습니다. 관원장은 이제 감옥에서 풀려났고, 이전 직위를 회복하였습니다. 요셉이 해석해 준 대로였습니다. 요셉은 앞으로 이 일이 자신을 어디로 이끌지 여간 궁금하지 않을 수 없었습니다.

대답은 곧 분명해졌습니다. 아무 데로도 이끌지 않았습니다. 그걸로 끝이었습니다. 아무 일도 일어나지 않았습니다. 몇 날이 지나고, 몇 주가 흐르고, 몇 달이 되었습니다. 이제나 저제나 매일 아침마다 요셉은 '오늘은 뭔가 중요한 소식을 듣겠지!' 하고 기대감에 부풀었을 것입니다.

하나님의 개입

우리 인생길에도 그럴 때가 얼마나 많은지 모릅니다! 하나님께서 행하실 것을 기다리면서 시간이 지날수록 우리 인내심은 점점 고갈되고 바닥이 납니다. 그럴 때 심지어 하나님을 조종하려고도 합니다. 하나님께서 어서 빨리 우리를 구조하시도록 말입니다. 그러나 우리의 수고와 노력에서는 아무것도 나오지 않습니다. 우리는 일을 촉진시키기 위하여 급하게 서두르지만, 자기가 할 수 있는 게 아무것도 없다는 것을 깨닫기 시작합니다.

그때에 하나님께서 전혀 예기치 않은 방법으로 개입하십니다.

아마도 요셉의 희망은 차츰 시들어 갔을 것입니다. 그러나 그 사이 그는 늘 하듯이 충성스럽게 감옥에서 자기 직무를 다하였습니다. 마침내 일이 일어났습니다. "술 맡은 관원장이 요셉을 기억지 않고 잊었더라. 만 2년 후에…"(창세기 40:23, 41:1). 술 맡은 관원장이 풀려난 지 2년이 지나서였습니다. 그렇습니다. 만 24개월 후였습니다. 감옥에서 기다리는 사람에게는 정말 길고도 긴 시간이었습니다.

간수들이 요셉에게 말을 전했습니다. 바로가 친히 요셉을 만나 보고 싶어 한다는 것입니다! "이에 바로가 보내어 요셉을 부르매, 그들이 급히 그를 옥에서 낸지라, 요셉이 곧 수염을

깎고 그 옷을 갈아입고 바로에게 들어오니"(창세기 41:14).

갑자기 요셉은 감옥에서 나왔을 뿐 아니라, 애굽왕 바로 앞에 서게 되었습니다. 어떻게 이런 일이 일어날 수 있었습니까?

바로의 꿈

그 일은 바로가 하룻밤 사이에 연속해서 꾼 두 꿈 때문에 일어났습니다. "만 이 년 후에 바로가 꿈을 꾼즉…"(창세기 41:1). 너무도 당혹스러운 꿈이었습니다.

첫 번째 꿈(창세기 41:1-4,17-21)에서, 바로는 나일강 가에 서 있었습니다. 강에서 살지고 아름다운 일곱 암소가 올라왔습니다. 그 뒤에 약하고 심히 흉악하고 파리한 일곱 암소가 올라오더니 처음의 일곱 암소를 잡아먹었습니다.

두 번째 꿈(창세기 41:5-7,22-24)에서, 바로는 한 줄기에 무성하고 충실한 일곱 이삭이 나온 것을 보았습니다. 그 다음에 세약하고 동풍에 마른 일곱 이삭이 나오더니 그 좋은 일곱 이삭을 삼켜 버렸습니다.

오늘날 이런 꿈을 꾸었다면, 아마도 싹 무시하고 잊어버렸을지도 모릅니다. 그 꿈이 별로 위협적으로 보이지도 않는데다가, 개인적으로 적용될 만하게 보이지도 않기 때문입니다.

더군다나 악몽도 아니었습니다. 그러나 당시 애굽에서는 꿈을 중요하게 여겼습니다. 애굽인들은 신들이 꿈으로 그들에게 말한다고 믿었습니다. 그래서 애굽 통치자들은 꿈을 해석할 전문가들을 두었습니다. 술객과 박사들이 그들입니다.

바로는 겹쳐 꾼 꿈들로 인해 마음이 무척 심란하고 뒤숭숭하였습니다. 그래서 아침에 신하를 보내어 술객과 박사를 모두 불렀습니다(창세기 41:8). 그러고는 그들에게 자기 꿈을 말해 주었습니다. 그들에게는 큰 영예였지만, 바로에게 그 꿈을 해석하는 자가 아무도 없었습니다. 그들은 심히 당황해하면서 자신들이 해석할 수 없음을 시인했습니다.

그런데 바로의 술 맡은 관원장이 이 모든 소식을 들었습니다. 그때 한 줄기 빛처럼 그에게 비쳐 오는 게 있었습니다. 문득 요셉이 생각났습니다. 그래서 바로에게 2년 전에 꾼 꿈 이야기를 모두 아뢰었습니다. 자신과 떡 굽는 관원장이 감옥에 갇혀 있을 때 꿈을 꾸었는데, 그곳에 있던 "시위대장의 종 된 히브리 소년"이 정확하게 해석해 주었고, 그 해석대로 되었노라고 말입니다(9-13절).

이는 확인해 볼 만한 가치가 있었습니다. 그래서 바로는 신하를 보내어 요셉을 불렀습니다(14절). 바로 앞에 섰을 때 요셉은 틀림없이 깜짝 놀랐을 것입니다. 자기에게 다가오고 있는 앞날이 무엇일지를 생각하며 두렵기까지 했을 것입니다.

솔직하면서도 담대하게

바로는 재빨리 요셉에게 상황을 설명해 주었습니다. 자기가 꿈을 꾸었는데, 아무도 해석하지 못하였다, 그런데 요셉 너는 능히 꿈을 해석할 수 있다고 들었노라고 말입니다(15절).

바로에게 한 대답으로 요셉의 입에서 나온 첫마디는 죽음을 재촉하는 말과도 같았습니다. "이는 내게 있는 것이 아니라"(16절). 한마디로 "나는 할 수 없습니다"라는 대답이었습니다. 시작치고는 좋은 시작이 아니었습니다. 최소한 바로를 도와드리는 척이라도 할 수는 없었을까? 요셉이 거짓으로 고하는 줄을 누가 알겠는가?

난처한 상황에 부닥쳤을 때 거기서 빠져나오는 가장 쉬운 탈출구가 거짓말을 하거나 적당히 둘러대는 것입니다. 살다 보면 이런 경우에 놓인 적이 얼마나 많은가? 그러나 지혜로운 감독자나 고용주는 진실이 빠진, 귀에 솔깃한 대답보다는 솔직한 대답을 듣기를 원합니다.

바로에게 그 첫 번째 대답을 한 후 요셉은 곧바로 다음과 같이 덧붙였습니다. "하나님이 바로에게 평안한 대답을 하시리이다"(16절). 이 말은, "나는 할 수 없지만 하나님께서 왕에게 그 꿈의 뜻을 말씀해 주실 것입니다" 이런 말입니다. 바로는 요셉이 한 제의를 받아들였고, 자기 꿈을 자세히 요셉에게 설명해 주었습니다.

요셉은 즉시 그 꿈에 대한 해석을 바로에게 말씀드렸습니다. 그러면서 먼저 해석의 원천을 다시 강조하였습니다. "하나님이 그 하실 일을 바로에게 보이심이니이다"(25절). 두 꿈은 사실 하나이며, 간단히 말하자면 장차 애굽이 일곱 해 동안 큰 풍년을 경험하고 이어 일곱 해 동안 큰 흉년을 겪게 되리라는 뜻이라고 아뢰었습니다.

주의 깊고도 권위 있게, 요셉은 자신의 메시지를 반복하여 말씀드렸습니다. "내가 바로에게 고하기를, 하나님이 그 하실 일로 바로에게 보이신다 함이 이것이라"(28절). 이어, 다음과 같이 아뢰었습니다. "온 애굽 땅에 일곱 해 큰 풍년이 있겠고, 후에 일곱 해 흉년이 들므로 애굽 땅에 있던 풍년을 다 잊어버리게 되고 이 땅이 기근으로 멸망되리니, 후에 든 그 흉년이 너무 심하므로 이전 풍년을 이 땅에서 기억하지 못하게 되리이다"(29-31절).

그리고 바로가 꿈을 두 번 겹쳐 꾼 이유를 아뢰었습니다. 하나는 암소의 꿈, 하나는 이삭 달린 줄기의 꿈이었습니다. 요셉은 이렇게 말했습니다. "바로께서 꿈을 두 번 겹쳐 꾸신 것은 하나님이 이 일을 정하셨음이라. 속히 행하시리니"(32절). "하나님께서 이 일을 정하셨다. 하나님께서 이 일을 속히 행하실 것이다"라고 요셉은 다시 꿈 해석의 원천을 아뢰었습니다.

그 다음에 요셉은 훨씬 더 담대해집니다. 그는 꿈을 해석한 다음, 앞으로 닥칠 위기를 해결할 대책까지 제시합니다. "이제 바로께서는 명철하고 지혜 있는 사람을 택하여 애굽 땅을 치리하게 하시고"(33절). 더 나아가 이렇게 제안합니다. "바로께서는 또 이같이 행하사 국중에 여러 관리를 두어 그 일곱 해 풍년에 애굽 땅의 오분의 일을 거두되, 그 관리로 장차 올 풍년의 모든 곡물을 거두고 그 곡물을 바로의 손에 돌려 양식을 위하여 각 성에 적치하게 하소서. 이와 같이 그 곡물을 이 땅에 저장하여 애굽 땅에 임할 일곱 해 흉년을 예비하시면 땅이 이 흉년을 인하여 멸망치 아니하리이다"(34-36절).

요셉은 이러한 세부 계획을 어디서 얻었을까요? 분명 하나님으로부터 왔다고 믿습니다. 요셉이 이러한 대답을 준비할 만한 경험을 한 적도 없고 훈련도 받아 본 적도 없을 뿐더러, 더구나 시간도 없었기 때문입니다.

그러나 요셉이 전부터 가지고 있었던 게 있었습니다. 자기 삶 속에서 역사하시는 하나님을 보고자 하는 마음이었습니다. 그의 삶은 이미 오래 전부터 준비되어 있었습니다. 그는 하나님의 통치하심과 인도하심을 신뢰하고 있었습니다. 상황이 하나씩 하나씩 펼쳐지면서 그 속에서 드러나는 하나님의 시야를 깨닫기 시작하였습니다.

예비하고 기회를 기다리다

인생에서 뭔가 의미 있는 위치에 이르거나 대단한 일을 이룩한 사람들을 볼 때면 궁금한 생각이 듭니다. '그들은 어떻게 해서 그렇게 되었을까? 어떻게 그런 기회를 얻게 되었을까?' 내 자신에게도 같은 질문을 던져 보았습니다.

단순하면서도 깊이 있는 대답이 나왔습니다. 지금 살펴보고 있듯이 요셉의 삶은 그 모두를 실례로 잘 보여 줍니다.

계획하라 그리고 하나님께서 이끄시도록 맡기라

자신의 계획을 세우십시오. 그러나 하나님께서 그 뜻대로 바꾸시고 이끄시도록 맡기십시오. "사람이 마음으로 자기의 길을 계획할지라도 그 걸음을 인도하는 자는 여호와시니라" (잠언 16:9). 우리가 방향과 길을 정할지라도, 하나님께서 우리를 한 걸음씩 인도하십니다. 때로는 우리가 예상하고 기대한 것과는 전혀 다른 방법으로 인도하십니다.

이 말은 아무 방향도 목표도 없이 그저 바람 따라 물결 따라 되는 대로 표류하듯 살아가라는 의미가 아닙니다. 우리는 계획하고 어떤 방향으로 나아갑니다. 하지만 그 모든 과정에서 하나님의 인도하심을 구해야 한다는 뜻입니다. "너의 행사를 여호와께 맡기라. 그리하면 너의 경영[계획]하는 것이 이루리라"(잠언 16:3). 우리는 내일은, 다음 달에는, 내년에는 무엇을 할지 기도하면서 계획을 세워야만 합니다.

원천을 기억하라

우리가 가진 모든 것이 하나님으로부터 온 것임을 기억하십시오. "누가 너를 구별하였느뇨? 네게 있는 것 중에 받지 아니한 것이 무엇이뇨? 네가 받았은즉 어찌하여 받지 아니한 것같이 자랑하느뇨?"(고린도전서 4:7). 우리의 지성, 우리의 외모, 우리의 가족, 우리가 태어난 나라, 그리고 나아가 우리가 가진 모든 자원과 기회까지도 모두 하나님으로부터 왔습니다. 그러므로 자신의 능력이나 이점에 대하여 자랑하거나 떠벌릴 수가 없습니다. 우리에게는 단지 그 모든 것을 잘 사용할 책임이 있습니다.

요셉은 자신이 하나님의 절대주권적 인도하심 아래 있음을 알았습니다. 자기 능력이 자기 자신으로부터 나오지 않았음을 잘 알고 있었습니다. 여기에는 또한 건전한 균형이 필요합니다. 즉 자신의 모든 것이 하나님의 창조의 산물임을 아는 것과 아울러 강한 책임감을 유지하는 것이 균형을 이루어야 합니다.

자신을 준비하라

아무도 장래에 어떤 기회와 도전이 자기 앞에 나타날지 전혀 모릅니다. 이는 모두 하나님의 손에 있습니다. 그러나 장래를 준비할 책임은 우리의 손에 있습니다.

요셉은 자신에게 맡겨진 일을 하기 위해 최선을 다함으로써 자신을 준비하였습니다. 애굽 언어를 배웠고, 새로운 환경에서 상거래를 하는 방법을 배웠으며, 새로운 공동체 속에서 새로운 관계를 맺었습니다. 더욱 중요한 것은, 그는 어떤 유혹과 시련 속에서도 온전함을 지켰습니다.

교육, 연습, 훈련, 경험 등 모든 기회를 활용하여 미래를 준비하십시오. 이를 위하여 자신이 할 수 있는 모든 것을 하십시오.

충성된 사람이 되라

충성된 사람은 신임을 받습니다. 자신이 하기로 한 것을 하며, 일을 끝마치며, 약속을 지키며, 보는 이가 없어도 열심히 일하며, 자기 능력이 닿는 대로 최선을 다해 일하며, 매사에 정직합니다. 요셉이 바로 그와 같은 사람이었습니다. 시위대장 보디발과 감옥 소장은 요셉 안에 있는 이 특성을 알아보았습니다. 이러한 특성 때문에 그들은 요셉에게 더 큰 책임과 권한을 부여하였습니다. 그것은 한 번에 전부 일어나지 않았습니다. 그러나 충성되고 신뢰할 수 있는 특성은 언젠가는 항상 알려지게 마련입니다.

수고하라

열심히 일하는 삶을 배우십시오. 그런 사람은 그가 받은 그 어떤 교육보다도 큰 유익을 얻게 됩니다. 교육은 받았으되 수고하기를 싫어하는 사람은 일터에서 거의 쓸모가 없습니다.

미국에 있는 한 대학은 별명이 '수고 대학'입니다. 학생들은 학비를 내지 않습니다. 그 대신 캠퍼스 내 여러 가지 일에 참여하여 열심히 일을 합니다. 그들은 수고의 가치를 배웁니다.

수고의 반대는 게으름입니다. 요셉은 게으름과는 거리가 먼, 열심히 수고하는 사람이었습니다. 그는 충성되었을 뿐 아니라, 자신이 하는 일에 힘을 들이고 애를 쓰는 수고를 마다하지 않았습니다.

새로운 도전을 하라

새로운 도전을 하는 것은 결코 어리석거나 무모한 삶이 아닙니다. 그것은 옳은 것을 옹호하고 따르며, 그 결과를 감수하는 것을 뜻합니다. 자신의 성공과 실패 모두에 대하여 책임을 지는 것입니다. 기회를 보고 그 방향으로 움직이는 것입니다. 그 결과가 무엇일지 알지 못해도 그렇게 하는 것입니다. 당신이 가진 최상의 정보를 따라 결정하고 앞으로 나아가십시오.

각각의 이러한 특성은 당신이 계속 **요셉의 길**을 걸어갈 뿐 아니라 다양한 기회를 붙잡게 해 줄 것입니다.

하나님께서 말씀하시는 것을 들음

요셉이 만난 기적과도 같은 기회들을 생각하면서, 내가 겪었던 인생의 전환점들을 떠올리게 됩니다.

공군에 입대했을 때, 나의 장래 계획은 조종사가 되는 것이었습니다. 조금만 있으면 마침내 훈련을 마치고 조종사 기장을 막 받을 참이었습니다. 그런데 그때 나는 편대 확인 비행에서 불합격했습니다. 두 번째 확인 비행 후에, 교관이 말했습니다. "화이트, 자네는 2대가 하는 편대 비행은 할 수 있지만, 4대가 하는 편대 비행은 잘하지 못할 걸세." 그래서 결국 비행 훈련에서 제외되었습니다. 나중에 알게 된 사실은, 조종사가 남아돌았고, 그래서 탈락시킬 수밖에 없었다는 것입니다.

나는 엄청난 충격을 받았습니다. 나의 계획과 꿈은 산산이 깨어졌습니다. 그래서 3년간의 의무 복무를 마치면 전역하기로 계획을 세웠습니다. 그때 하나님께서 개입하셨습니다. 나는 케이프커내버럴 공군기지로 전보되었고, 그곳에서 우주비행 통제관으로 근무하게 되었습니다. 당시 미국의 우주 계획은 막 시작한 초보 단계에 있었습니다. 갑자기 새로운 문이 열렸습니다.

몇 달 후, 공군에 근무하는 한 이웃과 이야기하던 중에, 그에게 다음 임무에서 계획이 무엇인지 물었습니다. 그는 공군사관학교에서 가르치고 싶다고 대답했습니다. 그래서 다시, 그러기 위해 갖춰야 할 자격 요건이 무엇인지를 묻자, 석사 학위와 좋은 성적이 필요하다고 했습니다.

내 인생에서 "하나님께서 내게 말씀하셨습니다"라고 분명히 말할 수 있는 때가 몇 차례 있었는데, 이게 바로 그 경우였습니다. 그 이웃과 대화하면서 뭔가가 내 안에서 일어났습니다. "석사 학위를 얻어 공군사관학교에서 가르쳐라." 하나님께서 내게 이렇게 말씀하고 계셨고, 나는 그렇게 믿었습니다. 공군사관학교 교관으로 근무하게 되면, 내가 함께하고 있는 네비게이토 선교회 본부 근처에 있을 수 있고, 또 개인적으로도 더 나은 영적 훈련을 받고 제자삼는 일을 할 수 있는 좋은 기회라는 생각이 들었습니다. 나는 아내와 함께 이에 대해 이야기하고 기도했습니다. 아내도 생각이 같았습니다. 그래서 우리는 그 계획을 추진시켜 나가기로 했습니다.

다음 단계로 나는 석사 학위를 딸 수 있는 학교로 보내 달라고 상급 부대에 지원서를 냈습니다. 얼마 후 답장이 왔습니다. 내가 자격은 충분하지만, 다만 나 같은 젊은 장교를 석사 학위를 따도록 보내 주지는 않는다고 했습니다. 우리 부부는 다시 기도했습니다. 그로부터 우리는 1년을 기다렸습니다. 젊은 나이에 그것은 긴 시간이었습니다. 나는 다시 지원하였지만 아무 대답도 듣지 못했습니다.

하나님께서 문을 여심

그러는 사이에 나는 공군 시스템 사령부 본부의 지시를 받으라는 명령을 받았습니다. 그것은 워싱턴 D. C. 근처에 있는 앤드루스 공군 기지에 있었습니다. 나는 그 이유를 몰랐습니다. 내 상관들 중 아무도 일이 어떻게 되어 가는지 몰랐습니다. 나는 워싱턴으로 날아갔고, 앤드루스 공군 기지에서 인사처의 지시를 받았습니다. 그들은 내게 연설을 해 달라고 했습니다. 이 말을 듣고 나는 깜짝 놀랐습니다. 그러면서 인사 담당 장교는 사상 최초로 열리는 전 공군 차원의 '경력 동기부여 대회'에 대하여 설명해 주었습니다. 대령과 준장급 장교들이 모여서, 젊은 장교들이 계속 공군에 남도록 어떻게 격려할 것인가라는 주제로 토의를 진행하게 된다고 했습니다. 그 인사 장교가 말했습니다. "하지만 그들은 군 생활을 한 지가 오래되어서 요즘 젊은 장교들이 무슨 생각을 하는지 잘 모른다네. 그래서 자네 같은 젊은 장교가 공군으로부터 원하는 게 무엇인지 연설을 해 주었으면 하네."

"저는 경력이 있는 장교도 아닌데요."

"알고 있네."

"제가 말하고 싶은 건 뭐든 말해도 됩니까?"

그는 좋다고 했습니다.

나는 그에게, 현재 대학원 과정을 이수하고 싶어서 지원한 상태인데 아직 아무 답이 없다고 했습니다. 그는 "음 그래요? 한번 봅시다"라고 하더니, 나를 다른 부서로 데리고 갔습니다. 거기에서 한 사병의 책상 서랍 맨 밑 칸에서 나의 지원서를 발견했습니다.

"이게 왜 여기에 있는가?" 하고 그 사병에게 물었습니다.

그는 설명하기를, 내가 케이프커내버럴에서 3년간의 의무 기간을 아직 채우지 않아 승인할 수 없었다고 했습니다.

그 인사 장교와 내가 복도를 걸어가는데, 그 사병은 나를 도울 일이 있으면 돕고 싶다고 했습니다. 그래서 나는 무슨 일이 이루어져야 한다면 하나님께서 인도하시리라 믿는다고 말했습니다.

한 달 후 나는 그 대회에서 연설을 했습니다. 연설을 마치고 내려오자 한 대령이 다가오더니 자신을 공군사관학교 인사

참모라고 소개하면서 이렇게 말했습니다. "중위, 만약 자네가 공군사관학교에서 가르치고 싶으면 알려 주게나." 그러면서 자기 명함을 주었습니다.

그날 나중에 공식 만찬에 참석한 후 만찬장에서 걸어 나오는데 나이 지긋한 백발의 대령이 다가와 말했습니다. "중위, 이제 '학교 여행'을 즐기기 바라네." 그게 내가 들은 첫 번째 소식이었습니다. 특별히 대학원 입학을 허락받았음을 알았습니다.

하나님께서는 나를 위하여 이 문들을 하나씩 하나씩 열어 주셨습니다. 그러나 그 문들을 하나씩 통과하여 걸어가는 선택은 내 책임이었습니다. 하나님께서 내게 맡기신 그 일에서 열심히 수고하지 않았더라면, 아마 그런 연설 요청을 받지 못했을 것입니다. 나는 맡은 직무에서 마음을 다하여 주님께 하듯 했습니다(골로새서 3:23 참조). 이러한 준비가 없었다면 다음 임무를 맡을 적임자나 고려 대상이 되지 못했을 것입니다.

당신에게 열린 문들은 무엇이었습니까? 자신에게 일어난 '운명의 급반전'은 무엇입니까? 하나님께서는 당신을 어떻게 깜짝 놀라게 하셨습니까? 눈과 귀를 계속 열어 둔다면, 많은 기회가 열려 있음을 알게 됩니다.

그것은 작은 것일 수도 큰 것일 수도 있습니다. 예를 들어 이웃 사람이 집에서 뭘 고치는 작업을 하는데 연장이 필요하다고 해서 빌려 주었는데, 이 작은 일을 기회로 해서 그와 영적인 대화를 하게 되었고, 마침내 복음을 전하여 그가 예수님을 영접하고 구원을 얻게 되는 놀라운 일이 일어날 수도 있습니다.

또는, 회사 구조조정으로 갑자기 직장을 잃게 되어 새로운 직장을 구하였으나 쉽지 않아 참 막막하였는데, 간절히 기도하던 중에 하나님의 은혜로 전혀 뜻밖에 전보다 더 좋은 직장을 얻게 되는 것과 같은 일일 수도 있습니다.

묵상 및 적용

1. 자신의 삶을 뒤돌아볼 때, 하나님의 인도하심을 가리키는 이정표가 된 사건은 무엇입니까?

2. 힘에 겨운 환경 속으로 내몰릴 때, 당신은 여전히 하나님의 인도하심을 느낍니까?

3. 아직 펼쳐지지 않은 환경 속에서 하나님의 통치하심과 구체적인 인도하심을 알아차리기 위하여 당신은 어떤 준비를

하고 있습니까? 더 나은 준비를 위하여 당신이 해야 할 것은 무엇입니까?

제 9 장

기회를 붙잡다

이제 바로께서는
명철하고 지혜 있는 사람을 택하여
애굽 땅을 치리하게 하시고.
창세기 41:33

제 9 장

기회를 붙잡다

열린 문을 통과하여 걸어가라

사람은 아무도 앞날을 모릅니다. 하루 뒤, 한 시간 뒤의 일은커녕 1분 뒤의 일도 모릅니다. 하물며 다가오는 다음 1년 또는 몇 년 뒤는 말할 것도 없습니다. 아무도 자신이 하거나 하지 않은 행위에 따르는 결과를 예측할 수 없습니다. 전도서 기자는 이렇게 말합니다. "형통한 날에는 기뻐하고 곤고한 날에는 생각하라. 하나님이 이 두 가지를 병행하게 하사 사람으로 그 장래 일을 능히 헤아려 알지 못하게 하셨느니라"(전도서 7:14). 우리는 그저 연약한 인간일 뿐입니다. 그래서 공격당하기 쉽습니다.

우리의 미래에 대하여 확실한 사실은, 오직 하나님께서는 낱낱이 다 알고 계신다는 것입니다. "나의 가는 길을 오직 그가 아시나니, 그가 나를 단련하신 후에는 내가 정금같이 나오리라"(욥기 23:10). 하나님께서 돌보시고 하나님께서 인도하신다는 사실입니다. 우리가 이 사실에 대하여 확신을 가질 수 있는 까닭은, 하나님께서는 우리의 유익을 위하여 역사하시되, 우리를 가장 선한 길로 인도하시고 가장 좋은 것으로 주시는 분이심을 알고 있기 때문입니다.

요셉이 바로가 꾼 꿈을 듣고 하나님의 해석을 받기 전에 이미, 장래 애굽에 일어날 일에 대하여 어떤 단서를 가지고 있었을까요? 그렇지 않았을 것입니다. 그리고 그가 그 꿈에 대하여 바로의 설명을 듣고 하나님의 해석을 전달한 후에, 아마도 그 자리에 있던 사람들은 모두 충격을 받거나 그럴 리 없다고 부인했을 것입니다. 요셉이 예언한 일이 실제로 일어나리라는 증거는 결국 바로가 꾼 꿈이 유일한 증거였습니다.

하지만 요셉은 달랐습니다. 하나님께서 알려 주신 것을 즉각 믿었습니다. 그리고 체계적인 대책을 구체적으로 제안하였습니다. 앞서 예언한 장래의 위기에 대비하여 해야 할 일이 무엇인지를 재빨리 알아차렸습니다.

요셉은 대담한 계획을 내놓았습니다. 그 계획이 너무도 무모하고 황당하여 비웃음을 당할 수도 있었습니다. 그 근거 없는 추측 때문에 심지어 다시 감옥으로 돌아갈 수도 있었습니다. 그러나 그가 잃을 게 무엇입니까? 아무것도 없었습니다. 그는 아무 지위도 없었습니다. 아무것도 보장받은 게 없었습니다.

하나님으로부터 온 확신

바로의 궁정을 한번 그려 봅시다. 요셉이 바로를 알현하는 장면입니다. 요셉이 말을 마쳤을 때, 한 순간 무거운 침묵이 감돌았습니다. 모두가 너무 놀라 멍하니 아무 말도 못하고 있었습니다. 그 다음에 그 자리에 모인 신하들과 모사들 사이에서 여러 가지 질문이 여기저기서 나왔습니다.

"너는 그 모든 것을 어떻게 알았느냐? 우리 중 가장 지혜로운 사람들도 알 수 없는데 말이다. 이것이 왜 너에게는 알려지고 우리에게는 알려지지 않았느냐?"

"여러분이 의심하는 바를 충분히 이해합니다. 저는 제가 어떻게 아는지를 완전히는 설명할 수 없습니다. 그러나 저는 알고 있습니다. 하나님께서는 과거에도 제게 말씀하신 적이 있으십니다. 그리고 저는 그것이 하나님께서 말씀하시는 것이지 단지 제 생각이 아니라는 것을 알고 있습니다." 요셉은 이렇게 대답했을 것입니다.

"너는 어떤 증거를 가지고 있느냐?"

"아무것도 없습니다."

"아니, 그런데도 너를 믿기를 바라느냐?"

"저는 오직 제가 보는 것을 말하고 있을 뿐입니다."

이러한 대화가 오가면서 뭔가가 또는 누군가가 바로와 그 신하들로 하여금 이 젊은 히브리인 노예 죄수와 그의 제안을

민도록 확신시켜 주었습니다. 창세기 기사를 보면, 요셉이 아이디어를 내놓은 직후 그들이 보인 반응을 다음과 같이 기록하고 있습니다. "바로와 그 모든 신하가 이 일을 좋게 여긴지라"(창세기 41:37).

바로는 신하들과는 달랐습니다. 하나님께서 꾸게 하신 그 꿈들에 대한 인상이 너무도 생생하였습니다. 너무도 명료하고 힘이 있었습니다. 틀림없이 지금까지 보았던 모든 것과는 너무도 달랐습니다. 요셉은 그 꿈을 명확하게 해석했고, 대담한 계획까지 확신 있게 제안했습니다. 두 꿈과 요셉의 말에는 둘 다 뭔가 공통점이 있었습니다. 바로는 즉시 그게 무엇인지를 알아차렸습니다. 그래서 바로는 신하들에게 요셉을 가리키며 말했습니다. "이와 같이 하나님의 신에 감동한 사람을 우리가 어찌 얻을 수 있으리요?"(38절). 흠정역에는 이렇게 되어 있습니다. "우리가 이 사람과 같이 하나님의 영이 그 안에 있는 사람을 발견할 수 있으리요?" 바로는 아주 분명하게 요셉과 함께하고 있는 하나님의 손길을 보았습니다.

요셉도 그것을 감지하였습니다. 그게 요셉이 보인 확신의 원천이었습니다.

신속한 변화

그 다음에 나온 것이 바로의 깜짝 발표였습니다. 아무도 예상치 못했습니다. 다들 깜짝 놀랐습니다. 바로는 요셉을 총리로 삼고, 애굽 온 땅을 다스리는 최고 권세를 부여했습니다.

"하나님이 이 모든 것을 네게 보이셨으니 너와 같이 명철하고 지혜 있는 자가 없도다. 너는 내 집을 치리하라. 내 백성이 다 네 명을 복종하리니, 나는 너보다 높음이 보좌뿐이니라." 바로가 또 요셉에게 이르되, "내가 너로 애굽 온 땅을 총리하게 하노라" 하고, 자기의 인장 반지를 빼어 요셉의 손에 끼우고, 그에게 세마포 옷을 입히고 금 사슬을 목에 걸고, 자기에게 있는 버금 수레에 그를 태우매, 무리가 그 앞에서 소리 지르기를 "엎드리라" 하더라. 바로가 그로 애굽 전국을 총리하게 하였더라. 바로가 요셉에게 이르되, "나는 바로라. 애굽 온 땅에서 네 허락 없이는 수족을 놀릴 자가 없으리라" 하고, 그가 요셉의 이름을 사브낫바네아라 하고 또 온 제사장 보디베라의 딸 아스낫을 그에게 주어 아내를 삼게 하니라. 요셉이 나가 애굽 온 땅을 순찰하니라. (39-45절)

갑자기 요셉은 노예요 죄수에서 바로의 고문과 총리로 신분이 바뀌었습니다. 다음에 연속해서 일어난 사건은 그 변화 속도가 너무 빨라 어지러울 정도였습니다. 바로가 한 행동을 한번 살펴봅시다.

- 요셉에게 '애굽 온 땅을 총리'하는 권세를 줌.
- 자기 인장 반지를 빼어 요셉의 손에 끼워 줌.
- 요셉에게 왕이 입는 세마포를 입혀 줌.
- 요셉 목에 금 사슬을 걸어 줌. 금 사슬은 왕권을 상징함.
- 요셉을 특별 수레에 태워 시가행진을 하게 함. 이는 요셉이 애굽에서 2인자 자리에 있음을 보여 줌.
- 요셉이 탄 수레가 나아갈 때 호위병이 "엎드리라!" 하고 외치게 함.
- 요셉에게 애굽식 이름인 '사브낫바네아'라는 이름까지 지어 줌.

그때에 요셉 나이는 30세였습니다. 지난 13년 동안, 그는 내내 노예로 있었습니다. 뿐만 아니라 여러 해 동안 죄수로 감옥에 갇혀 있었습니다. 그런데 어느 날 갑자기 바로의 조정에서 최고 자리에 앉게 되었고, 모든 권력을 거머쥐게 되었습니다. 하지만 그동안 요셉이 하나님과 가진 관계를 미루어 확신하건대, 그는 이미 그 모든 것에 준비가 되어 있었습니다.

사실, 요셉을 총리로 임명한 일은 이 나라에서는 전례가 없는 참으로 이상한 일이었습니다. 당시는 혈통과 가문이 아주 중시되었기 때문입니다. 학자들은 애굽 역사에서 140년의 공백 기간을 주목합니다. 애굽이 이민족인 힉소스족의 지배를 받던 시기였습니다. 애굽 역사에서 그 시기에 대한 현존하는 기록이 거의 없다시피한 암흑기였습니다. 힉소스족은 이민족이어서 또 다른 외국인인 요셉이 총리 자리와 권력을 갖는 데에 훨씬 더 개방적이었을 것입니다.

이에 더하여, 또 한 가지 전혀 예상치 못한 일은, 바로가 태양신을 섬기는 제사장의 딸 아스낫을 요셉에게 주어 아내를 삼게 하였다는 사실입니다(45절). 바로가 요셉의 아내를 특별히 애굽 제사장 가문에서 선택해 준 것은 그에게 왕족에 준하는 대접을 해 주었다는 의미라고 볼 수 있습니다. 애굽 왕들은 대개 왕비를 제사장 가문에서 택하였기 때문입니다. 당시 애굽에는 유일하신 참하나님, 곧 아브라함과 이삭과 야곱의 하나님을 섬기는 사람이 아무도 없었습니다. 요셉으로서는 다른 선택권이 없었습니다.

우리는 아스낫이 흉년이 들기 전에 요셉에게 두 아들을 낳아 주었다는 것 외에는 아스낫에 대하여 더 이상 아는 게 없습니다(50절). 하지만 요셉은 틀림없이 아내인 아스낫을 애굽의 신을 섬기는 데서 유일하신 참하나님이신 이스라엘의 하나님을 섬기는 데로 인도했으리라 믿습니다.

하나님께서 항상 개입하고 계신다

하나님을 믿는 한 사람, 겨우 한 사람이 제대로 기능을 잘할 수 있을까요? 나아가 성공과 번영을 이룩할 수 있을까요? 세속적이고, 심지어 불경건하기까지 한 사람들과 환경과 제도 속에서도 이게 가능할까요? 크게 보면 요셉의 삶은 이 일이 진실로 가능하다는 사실을 보여 줍니다.

내 인생에서 있었던 몇 가지 사건을 기억합니다. 하나님께서는 나를, 겉으로 보기에 전혀 종교적이거나 영적이지도 않는 환경 속에 두셨습니다. 자라면서 내 기억으로 우리 집에는 영적 분위기나 영적 활동이 거의 없었습니다. 부모님은 내가 겨우 생후 2-3개월 되었을 무렵에 이혼했습니다. 그다음 8년 동안 어머니와 외할아버지, 그리고 친할아버지 밑에서 성장했습니다. 인구 100명인 아이오와 작은 농촌 읍내에서 있었던 일입니다. 우리 집 전화번호가 9번이었습니다. 거기서 교실이 하나밖에 없는 학교에서 학교생활을 시작했습니다.

그 후 어머니가 재혼하셔서 할아버지를 떠나 어머니와 함께 2,400km나 떨어진 워싱턴주에 있는 한 도시로 이사를 갔습니다. 인구 18만 명인 도시였습니다. 내가 다닌 3학년 교실이 이전에 아이오와에서 다니던 학교 전체보다 더 컸습니다.

내 인생에서 일어난 이 사건들 중 어느 것에도 나에게는 아무 통제권이 없었습니다. 그러나 돌이켜 보면 내가 겪은 모든 것을 사용하여 나의 삶을 인도하시고 빚어 가신 하나님의 손길을 볼 수 있습니다.

세월이 흘러, 나는 조종사 훈련 시험에 떨어진 후 케이프커내버럴로 전보되었습니다. 거기서 부여받은 임무는 다른 비행 통제관 5명과 함께 일하는 것이었습니다. 그들 중에 그리스도인은 아무도 없었습니다. 이는 우리 대부분의 삶에서 일반적인 모습입니다. 우리는 따뜻하고 다정한 영적 환경 속에 있지 않습니다. 세속적인 세계의 차가운 현실은 복음의 빛을 필요로 합니다. 그 복음의 빛이 우리 삶으로부터 뿜어져 나오고 있어야 합니다.

그러한 모든 환경 속에서, 나의 어렸을 때뿐 아니라 나중에 성장했을 때도, 하나님께서 항상 개입하고 계셨음이 분명합니다.

세속적 환경 속에서 살아감

어쩌면 당신은 악하고 불경건한 환경에 둘러싸여 있을지도 모릅니다. 그럴 때 그 속에서 무엇을 해야 합니까?

첫째로, 자신이 현재 가지고 있는 유무형의 자산을 목록으로 작성해 보기 바랍니다. 오늘의 현실로 당신을 인도한 선택들을 살펴보십시오. 거기에 어떻게 이르렀습니까? 자신의 선택에 의해서였습니까? 하나님의 인도에 의해서였습니까? 가족을 부양하기 위해 꼭 필요한 것이었습니까? 때로는 이기심, 인색함 또는 교만에서 어떤 상황들을 선택하기도 합니다. 만약 그렇다면 하나님께 자백하고 용서를 구하십시오. 물론 하나님께서는 당신이 초래한 환경들조차 얼마든지 능히 다스리시고 바꾸실 수 있으십니다.

둘째로, 한 걸음 물러나 큰 그림을 보십시오. 하나님께서 어떻게 지금 이 지점까지 당신을 이끄셨는가를 돌아보십시오. 당신 개인사에서 과거에 일어난 핵심 사건들을 목록으로 만들어 보십시오. 특히 당신에게 통제권이 없었던 사건들을 목록으로 작성하십시오. 이 모든 것을 통해 하나님께서 어떻게 당신을 인도하셨는지 생각해 보십시오.

셋째로, 현재 자신의 환경이 어떠하든 하나님과 매일 동행하는 데 힘쓰기로 개인적인 헌신을 다시 새롭게 하십시오. 그렇게 할 때 당신이 해야 할 일이 무엇인지 알게 되고, 날마다 하나님의 인도하심을 받게 됩니다.

넷째로, **요셉의 길**에서 배운 여러 교훈을 꾸준히 적용하십시오. 자신을 준비하고, 충성하고, 열심히 수고하고, 새로운 도전과 시도를 하십시오. 당신은 쉬운 과제들을 얼마나 잘해 왔는가로 평가받지 않습니다. 그보다는 삶에서 부닥친 시련,

힘든 과제, 어려운 여건 속에서 어떻게 잘해 왔는가로 평가받게 됩니다.

묵상 및 적용

1. 지금 하나님께서 당신에게 열어 주신 중요한 문들은 무엇입니까? 이 기회들을 최대한 활용하기 위하여 무엇을 할 수 있습니까?

2. 이 기회들을 최대로 활용하기 위해 앞으로 나아갈 때, 당신의 확신은 어느 정도입니까? 당신이 의지할 수 있는, 하나님께서 주신 확신은 무엇입니까?

3. 당신을 둘러싸고 있는 세속적 환경은 무엇입니까? 그 환경 속에서 당신은 하나님께 대한 순종을 어떻게 나타내 보이고 있습니까?

제 10 장

계속 나아가다

바로가 애굽 모든 백성에게 이르되,
"요셉에게 가서
그가 너희에게 이르는 대로 하라."
창세기 41:55

제 10 장

계속 나아가다

계획대로 걸음을 내디디라

요셉과 연관된 뉴스를 들었을 때, 당시 애굽 사람들이 받았을 충격을 상상이나 할 수 있겠습니까? 바로가 자기네 나라에 대한 전권을 준 사람인 요셉에 대한 소식을 들었을 때, 이런저런 말들이 들불처럼 퍼져 나갔습니다. 보디발과 그의 아내는 틀림없이 두려움으로 온몸을 떨었을 것입니다. 요셉이 장차 자기들에게 무슨 보복이라도 한다면…. 생각만 해도 등골이 오싹했습니다.

애굽 당시로 돌아가서 그때 지금과 같은 신문이 있었다고 가정해 보면, 대단히 흥미로운 기삿거리가 되었을 것입니다. 요셉과 연관된 기사가 연일 '애굽일보' 제1면을 장식했을 것입니다. 예를 들면 매일 다음과 같은 간단한 이슈로 기사가 시작되었을 것입니다.

미지의 인물 급부상?

어제 바로의 버금 수레를 타고 궁에서 나온 미지의 인물 이야기로 궁정이 웅성거리고 있다. 그 수레는 통상 조정의 수석 각료용인데, 그 미지의 인물이 왕궁 경비병의 호위를 받으며 그 수레를 탔다.

한편, 궁에서 곧 각료 임명과 연관된 중대 발표가 있을 것이라는 추측이 무성하다.

그리고 그 다음날 1면에 다음과 같은 머리기사가 실립니다.

바로, 히브리인 죄수를 새 총리로 낙점

궁정 소식통들을 깜짝 놀라게 한 전대미문의 사건이 있었다. 바로께서 이제 막 궁중 감옥에서 풀려난 히브리인에게 총리 자리를 주신 것이다.

새 총리는 사브낫바네아라는 이름을 받았다. 이전 이름은 요셉이었다고 한다. 한때 보디발의 집을 책임 맡은 노예였다. 얼마 후 그 자리에서 쫓겨났고, 그 후 여러 해 동안 감옥에 갇혀 있었다.

궁은 사브낫바네아의 권세가 애굽 전체에서 바로 다음인 두 번째가 될 것이라고 확언했다.

이 전대미문의 행동에 대한 이유가 무엇인지 자세한 내용은 아직까지 발표되지 않았다. 유력한 궁정 소식통들도 그것을 어떻게 설명해야 할지를 몰랐다.

총리가 전국에 거대한
새 저장소를 짓는 데 최우선순위를 두다

신임 총리로서 사브낫바네아는 첫 번째 공식 행동으로, 전국 여러 곳에 대규모 저장 시설을 즉각 신축하기로 하고 그 일을 진두지휘하기 시작했다.

궁은 새로운 법령을 공표했다. 모든 가용한 노동력을 이 창고들을 짓는 데 투입할 것이며, 또한 사적이든 공적이든, 다른 모든 건축보다 창고 건축에 최우선순위를 두라는 법령이다.

이 거대한 프로젝트를 진행하는 정확한 이유와 그 긴급성에 대해서는 아무 설명이 없었다. 그러나 궁정 소식통들은 그 저장 창고들은 곡식 저장용이라고 추측했다. 완공 목표 날짜가 추수의 시작과 일치하기 때문이다.

그리고 몇 달 후 이런 기사가 실렸습니다.

풍년이 들어 20%를 세금으로 내게 되다

여러 주에 걸친 열띤 추측이 끝났다. 사브낫바네아 총리는 어제, 정부는 올해 전국에서 수확하는 곡물 중 5분의 1을 세금으로 거두어들일 것이라고 발표했다. 또한, 이를 위해 전국 단위로 위원회가 소집될 예정이며, 전국적으로 네트워크를 형성하여 곡식을 거두어들이는 일을 지도 감독하게 될 것이라고 했다.

곡식은 신축 중인 여러 창고에 저장할 예정이며, 현재 전국 여러 지역에 완공을 앞두고 있다. 거대한 새로운 저장 시스템은 모두 건축 마감 시한 안에 완공하는 것을 목표로 하고 있다고 총리는 말했다.

저장 창고들이 세워지는 것을 보면서 최근 몇 주 동안 전국의 지주들 가운데 두려움이 점점 증가하고 있다. 지주 대표들이 이번 주에 궁에 모여서, 관심사를 전달하기 위해 당국자들과의 면담을 요구했다.

총리는 또한, 올해 추수에서 거둬들일 곡식의 20%는 판매나 수출용이 아니라 비축용이라고 확인해 주었다.

그리고 그 다음날, 1면에 다음과 같은 머리기사가 실렸습니다.

곡물 징수와 창고 건축 이면에는
단 하나, 바로의 꿈이 있었다?

궁과 내부 연락망이 있는 유명한 소식통들이 철저히 익명을 요구하면서, 사브낫바네아를 총리로 깜짝 임명한 것과 더불어 그 이면에 있었던 새로운 사실을 애굽일보에 제보하였다. 신임 총리가, 논란이 많은, 곡물 수확량의 5분의 1을 세금으로 거두게 된 것과 거둬들인 곡식을 저장할 대규모 비축 창고들을 건축하게 된 것은, 모두 약 6개월 전 바로께서 꾼 심란한 꿈의 결과라고 했다.

　이 소식통들은 놀라운 일련의 사건들을 폭로했다. 사브낫바네아는, 궁정 술객들과 박사들도 해석할 수 없었던 바로의 꿈을 해석했을 뿐 아니라, 곡물 세금과 비축 창고에 대한 종합 계획을 내놓았다는 것이다.

　그때에 사브낫바네아(그 당시에는 히브리인 요셉으로만 알려져 있었다)는 감옥에 수감되어 있던 죄수였다. 그러나 궁정 소식통들에 따르면, 믿을 수 없게도 꿈을 정확하게 해석하는 사람으로 감옥에서 명성이 높았다고 한다. 그래서 그는 감옥에서 왕궁으로 부름을 받은 것이다. 바로께서 밤에 꿈을 꾸고 마음이 번민하였다. 즉시 전령을 보내 애굽의 술객과 박사를 모두 불러들였다. 바로께서는 그들에게 자기가 꾼 심란한 꿈을 이야기해 주었다. 소, 곡식 줄기, 이삭, 나일 강 같은 단어가 등장했다. 모든 현자들과 조언자들은 모두 꿈이 너무 난해해서 해석할 수가 없다고 판단했다. 그런데 그 히브리 죄수는 조금도 시간을 지체하지 않고 즉시 그 꿈들의 의미를 간파할 뿐만 아니라, 그에 응하여 정부의 즉각적인 행동 방안을 요구했다.

　소식통들에 따르면, 사브낫바네아는 바로가 꾼 꿈들은 예언적인 의미가 있는 바, 애굽이 여러 해 동안 큰 풍년이 들겠고 뒤이어 장기간 심각한 흉년을 겪게 될 것이라 해석했는데, 이 해석을 바로와 조언자들이 즉시 받아들였다는 것이다.

그 다음 몇 달 뒤의 기사입니다.

기록적인 대풍작, 엇갈린 반응을 가져오다

풍작이 계속 되고 있다. 애굽 전역에서 올라온 보고에 따르면, 올해 풍작은 예년 수확량을 훨씬 능가하는 기록적인 소출임을 보여 준다.

그러나 그 풍작은 농부들과 지주들 사이에 엇갈린 감정을 낳고 있다. 그들은 경작지의 생산성 증대에 대해서는 분명히 기뻐하면서도, 최근 수확한 곡식의 5분의 1을 정부가 세금으로 거둬들이는 것은 수용하기 어렵다는 의견이다.

추수 때가 끝났을 때 다음과 같은 편지가 신문의 오피니언난에 등장했습니다. 이후 7년 내내 이와 같은 내용이 자주 실렸습니다.

편집자 귀하,

나라 전체가 이전 그 어느 때보다 최대로 번영을 누리고 있는 지금이, 가혹한 20% 곡물세를 재고해 달라고 바로 전하와 궁정에 정중하게 요청할 때입니다. 이 곡물을 판매하고 수출한다면 얼마나 더 놀라운 경제 성장을 가져올 것인가를 생각해 보십시오.

왜 미래에 대한 불길한 예언들에 주의를 기울이는가? 입증이 불가능할 뿐더러 믿기에는 터무니없는 예언들입니다. 공포 분위기를 조성하는 그런 꿈에 끌려 다닐 때가 아닙니다. 굴복할 시간이 없습니다. 지금은 성장에 매진해야 할 때입니다!

왜 세금을 폐지하지 않고, 비축 창고들을 해체하지 않는가? 번영의 돛을 높이 올리자! 얼마나 전진할 수 있는가를 보자!

계속 충성스럽게

요셉의 큰 전략에서 많은 교훈을 얻을 수 있습니다. 하나님께서는 기도에 응답하시며, 기회의 문들을 여시며, 책임을 맡기십니다. 그 다음에 우리가 해야 할 일은 행동으로 옮기는 것입니다.

우리는 수없이 기도합니다. 학업을 위해서, 직장을 위해서, 결혼과 가정을 위해서, 건강을 위해서, 비즈니스의 성공을 위해서, 또는 새로운 일자리를 위해서 등등. 기도한 내용이 응답될 때 우리는 떨리고 흥분을 감추지 못합니다. 하지만 기회와 더불어 책임도 따라옵니다. 이윽고 책임에 대한 냉혹한 자각이 시작됩니다. 책임을 피할 수 있는 길은 없습니다. 책임은 저절로 완수되지 않습니다. 요셉의 삶은 이 사실을 잘 보여 줍니다. 책임을 완수하기 위해서는 먼저 계획을 세워야 합니다.

그 계획을 수행하기 위해서는 많은 수고가 따릅니다. 시간이 투자되어야 합니다. 쉽거나 저절로 되는 일은 아무것도 없습니다. 이제 중요한 것은 실행입니다.

요셉 이야기에서 이 부분에 대한 창세기 기사가 보여 주는 그림은 우리가 이전에 보았던 그림을 계속 이어서 보여 줍니다. 즉 그는 여전히 자기가 맡은 책임에 충성스러웠으며, 그 책임을 완수하기 위하여 열심히 수고했고, 성공을 경험하였다는 사실입니다. 그의 행동을 눈여겨보십시오.

> **요셉이 애굽 왕 바로 앞에 설 때에 삼십 세라. 그가 바로 앞을 떠나 애굽 온 땅을 순찰하니, 일곱 해 풍년에 토지 소출이 심히 많은지라, 요셉이 애굽 땅에 있는 그 칠 년 곡물을 거두어 각 성에 저축하되 각 성 주위의 밭의 곡물을 그 성중에 저장하매 저장한 곡식이 바다 모래같이 심히 많아 세기를 그쳤으니 그 수가 한이 없음이었더라. (창세기 41:46-49)**

이러는 사이에 요셉은 두 아들을 둔 아버지가 되었습니다. 요셉은 자신의 일생에 대한 하나님의 손길을 깨닫고 인정하고 있습니다. 그가 지어 준 아들의 이름에서 자신의 일생에 대한 하나님의 손길과 연관하여 그가 가지고 있는 큰 그림이 무엇인지를 엿볼 수 있습니다. 첫째 아들 이름은 '므낫세'인데,

이는 히브리어로 '잊어버림'이라는 의미입니다. 요셉은 므낫세라고 이름을 지은 이유를 이렇게 말했습니다. "하나님이 나로 나의 모든 고난과 나의 아비의 온 집 일을 잊어버리게 하셨다"(51절). 둘째 아들 이름은 '에브라임'인데, '창성함(풍성함, 갑절로 열매 맺음)'이라는 뜻입니다. "하나님이 나로 나의 수고한 땅에서 창성하게 하셨다"(52절). 요셉은 여전히 범사에 하나님의 손길을 느끼고 있었습니다.

반대에 부딪치더라도

새로운 방향으로 나아가려다 보면 반대와 비판에 부딪힐 수도 있습니다. 애굽이 번영을 구가하는 중에, 요셉은 거대한 양의 곡식을 저장하는 전국적인 프로젝트를 수행했습니다. 일곱 해 풍년의 끝이 다가오고 있음을 알았기 때문입니다. 이것은 어쩌면 많은 사람들에게는 인기 없는 계획이었을 수도 있습니다. 하지만 요셉은 뜻을 굽히지 않고 인내하며 그 계획을 계속 진행시켰습니다.

당신이 하나님으로부터 온 말씀이 있다거나 그분의 인도하심을 느낀다고 믿을 때, 모든 사람이 누구나 동의하거나 이해하는 것은 아닙니다. 예를 들어, 당신이 다른 도시로 이사하기로 결정할 때 가족을 어려움과 혼란에 빠뜨리기도 합니다.

친구들은 당신이 한 선택을 의아해합니다. 당신의 새로운 일자리는 인사상의 변화와 재조직을 요구하고, 누군가가 그 과정에서 상처를 입을 수도 있습니다. 또는 당신이 개인적인 동기부여와 필요성으로 열심히 일할 때, 그게 다른 직원들을 공격하는 위협이 될 수도 있습니다. 예를 들어, 당신이 열심히 일하여 업무 생산성을 높여 놓으면, 회사는 그것을 평가 기준으로 정하여 다른 사람들을 평가하게 됩니다. 그래서 당신이 열심히 일하는 것은 좋지만, 그로 인해 평가 기준이 높아지는 것은 원치 않게 되고, 일부러 의도하지는 않았지만 당신의 열심이 도리어 그들을 공격하는 것이 될 수도 있기 때문입니다.

아내와 함께 기도하고 상의한 후에, 내가 거의 14년을 근무한 공군을 전역하고 네비게이토 선교회에서 전임 사역자로 섬기기로 결정했을 때, 주위 사람들이 다들 놀랐습니다. 왜냐하면 나는 그때 흔히 하는 말로 공군에서 잘나가고 있었는데, 내 또래 장교들이 일반적으로 전역하는 것보다 6년이나 빨리 전역하는 셈이었기 때문입니다. 내가 전역하기로 결정했다는 소식을 듣고, 할머니는 우셨고, 부모님은 의아해하셨습니다. 많은 친구들이 반대했고, 동료들 중 어떤 이들은 내가 감정에 이끌려 무모하게 결정했다고 생각했습니다. 그러나 우리 부부는 이것이 하나님의 인도하심임을 알았습니다.

이를 통해 하나님께서 우리를 인도하신 방향으로 나아갈 때 인내가 필요함을 알았습니다.

계속 나아가라

삶에서 지름길이란 없습니다. 어렵고 힘든 시기가 올 때 포기하지 말고 인내하며 계속 앞으로 나아가야 합니다. 심지어 그러고 싶지 않을지라도 그래야 합니다.

하나님께서 지금 원하시는 곳에 당신을 두셨다는 사실을 알아야 합니다. 우리의 이웃, 우리의 학교, 우리의 일터는 우리를 향한 하나님의 특별한 부르심을 반영합니다. 그 사실을 깨달을 때 인생에 대하여 전혀 새로운 전망과 시야를 발전시키게 되고, 이는 우리를 자유하게 합니다. 환경에 대해 불평하거나 원망하기를 멈추고, 그 대신 그 환경 속에서 하나님께서 뜻하신 목적을 찾기 시작하게 됩니다.

그러한 테스트 시간들이 또한 하나님의 목적과 밀접한 관련이 있음을 깨달아야 합니다. 그러나 이것은 받아들이기가 어려울 수 있습니다. 아침에 깰 때에 "하나님, 오늘 제게 심각한 어려움을 보내어 주셔서, 제가 하나님을 신뢰하는 것을 배울 수 있게 하소서" 이렇게 기도하는 사람은 아무도 없을 것입니다. 우리는 시련과 테스트를 구하지 않습니다. 자연스럽게 쉽고 편안한 것을 구합니다.

시편을 읽어 보면, 시편 기자들이 하나님을 더욱 믿고 의뢰하겠다고 더 힘든 삶이나 어려운 환경을 달라는 기도를 하지는 않습니다. 그 대신, 거기서 건져 주시기를 간구하고 인내할

용기를 구합니다. 주님께 어려운 질문을 하며 따지기도 하고 심지어 불평도 합니다. 자주 개인적인 갈등을 드러냅니다. 자신에게 닥친 고난의 이유를 알고 싶어 합니다. 그러면서도 또한 하나님의 더 큰 목적에 초점을 둡니다. 인생길에서 겪는 고난들은 모두 배움의 과정이기 때문입니다. 욥은 이 사실을 깨달았습니다. 그래서 하나님에 대하여 이렇게 말합니다. "나의 가는 길을 오직 그가 아시나니, 그가 나를 단련하신 후에는 내가 정금같이 나오리라"(욥기 23:10).

때로 우리는 시련의 한가운데서 하나님의 목적을 봅니다. 하지만 그 시기가 지난 후 과거를 뒤돌아볼 때에야 비로소 하나님의 목적을 보게 되는 때가 더 많습니다. 요셉이 노예 생활을 하고 감옥 생활을 하고 있을 동안에는 하나님께서 무엇을 하고 계시는지, 왜 하고 계시는지를 알았다는 증거가 없습니다. 요셉은 단지 하나님을 믿고 의뢰해야만 했고, 그 다음 자신이 처한 환경 가운데서 온전한 믿음과 성실로 행하여야 했습니다.

이 글을 쓰고 있을 때, 나는 아주 어려운 환경 가운데 있었습니다. 그것을 제거해 주시기를 하나님께 간절히 구하였지만 제거해 주시지 않았습니다. 깊은 상실과 좌절과 침체의 시기를 경험했습니다. 밤에 잠을 이루지 못했습니다. 두려움에 싸여 있었습니다. 아침에 잠을 깨도 잔 것 같지 않고 정신이 몽롱했습니다. 당신도 이런 경험이 있을 것입니다. 나는 물론 확신이 있었습니다. 하나님께서 이러한 어려움을 통하여 내 삶 속에서 그분의 일을 하고 계신다고 믿었습니다. 이는 즐겁지 않았으나, 실제 현실이었습니다. 그리고 그것은 내 인생에서 지금까지 경험한 모든 성공에 대하여 전혀 다른 관점과 시야를 보여 주었습니다.

마지막으로, 좋은 때는 나쁜 때를 위한 준비라는 사실을 깨닫기 바랍니다. 우리는 모두 인생에서 좋은 때를 경험해 왔으며, 그것은 우리에게 아름다운 추억과 소망을 안겨 줍니다. 또한 인생이 몹시 힘들 때, 미래를 위하여 우리를 준비시켜 줍니다. 경제적으로, 감정적으로, 교육적으로 우리를 준비시켜 줍니다. 잠언에 나오는 유명한 개미 예화가 이를 잘 말해 줍니다.

> 게으르고 어리석은 자여, 개미를 보아라.
> 개미를 자세히 지켜보고 한 수 배워라.
> 아무도 할 일을 일러 주지 않지만,
> 개미는 여름내 먹이를 마련하고
> 추수철에 양식을 비축한다.
> 너는 언제까지 하는 일 없이 빈둥거리려느냐?
> 언제 잠자리에서 일어나려느냐?
> "여기서도 자고, 저기서도 자자.
> 여기서도 하루 쉬고, 저기서도 하루 쉬자.

계속 나아가다

편히 앉아 느긋하게 쉬자" 하면
무슨 일이 닥치는지 아느냐?
바랄 것은 단 하나,
찢어지게 가난한 생활뿐이다.
가난이 네 영원한 식객이 된다!
(잠언 6:6-11, 메시지 성경)

삶의 모든 영역에서, 사전에 예비하고 저축하면 풍성한 열매를 맺습니다. 반면 함부로 허비하며 빚을 지고 허덕이면 열매를 맺지 못합니다. 그것이 돈이든, 감정이든, 명성이든, 혹은 관계이든 원리는 같습니다. 저축은 낭비를 이기는 법입니다.
　어리석은 자가 되지 마십시오. 그 다음을 준비하십시오. 그것이 **요셉의 길**입니다.

묵상 및 적용

1. 하나님께서 당신을 부르신 일에 충성하려면 지금 당신에게 어떤 수고가 특별히 필요합니까?

2. 당신이 하나님께 순종하여 새로운 방향으로 발걸음을 내디

덨을 때, 사람들의 반대나 의문에 부딪힌 경험이 있습니까?

3. 지금 겪고 있는 환경 중에서 가장 힘든 것은 무엇입니까? 그 환경에 대해 불평하거나 원망하고 있습니까, 아니면 그 속에서 하나님의 목적을 찾고 있습니까?

제 11 장

시 험

...기근이 온 세상에 심함이었더라.
창세기 41:57

제 11 장

시 험

역경 중에 하나님께 초점을 맞추라

다시 애굽일보로 돌아가 봅시다. 아마 다음과 같은 기사가 실렸을 것입니다.

점성가들이 또 한 해 풍년을 점치다

또 한 차례 전례 없는 풍년이 지나갔다. 벌써 연달아 일곱 번째다. 애굽이 현재 누리고 있는 번영은 끝이 보이지 않는다. 점성가들은 여전히 내년에도 풍성한 수확이 있을 것이라 점치고 있다.

그 사이에, 많은 지주들 사이에서 희망이 점점 증가하고 있다. 몹시 싫어하던 곡물세가 드디어 폐지되리라는 희망이다. 정부 저장 시설들이 모두 꽉 차서 넘치고 있었고, 사브낫바네아 총리가 추가로 저장소를 세울 계획이 없음을 천명했기 때문이다.

일부 소식통들은, 정부가 비축 곡물을 방출하기 시작하지 않을 수 없을지도 모른다고 추측했다. 결국 방대한 비축 프로젝트가 모두 큰 실책임을 인정하고, 또 거대한 과잉 저장 정책을 억지로 계속 밀어붙이지 않으리라는 것이다. 그러나 이는 지주들 사이에 두려움도 촉발시켰다. 정부가 갑작스럽게 곡물을 방출하면서 생긴 공급 과잉은 시장에서 곡물 가격의 폭락을 가져오고, 이는 곧 큰 재앙을 가져올 뿐이라는 것이다.

장기간 계속된 풍성한 수확으로 지주들은 대부분 충분한 곡물 비축량을 가지고 있다. 그래서 그들은 말하기를, 장래에 흉년이 언제 닥치더라도 충분히 대비하고도 남는 양이라고 한다. 따라서 정부의 막대한 곡물 공급은 불필요할 뿐만 아니라 경제적 위협이기도 하다고 말한다.

한 지주가 애굽일보에 익명을 조건으로 말했다. "정부의 비축 창고 프로젝트는 전부가 처음 시작부터 도저히 말도 안 되는 대실책이었다. 지금까지는 큰 손해 없이 그럭저럭 지내왔다. 그러나 나중에 우리 것을 다 빼앗기게 될까 두렵다."

몇 달 후, 뉴스의 핵심 내용과 어조가 완전히 달라집니다.

흉년 예보가 확대되다

수확 철이 다가오면서 애굽 각지에서 올라오는 보고를 보면 재해와 가뭄이 올해 수확을 거의 망쳐 버렸다고 한다. 지금까지 여러 해 동안 이어져 온 넘치는 수확량과는 상상도 할 수 없는 반전이라고 한다.

한편 이웃나라들로부터 들려오는 수확량 보고도 더 나은 것이 없다. 어느 한 나라도 풍년을 내다보고 있지 않다. 재해와 가뭄이 역사상 그 어느 때보다 더 심하다.

지주들과 곡물 담당자들이, 기록적인 풍년 때부터 저장해 둔 덕분에 다가오는 해에도 나라를 충분히 지탱할 만큼 곡식양이 넉넉하다고 확신하고 있음에도 불구하고 식량 가격이 계속 오르고 있다.

1년 후, 뉴스는 더 나빠질 뿐입니다.

피할 수 없는 기근으로 절망이 자라고, 정부에 도움을 요구하는 압력이 증가하다

재앙적인 흉년 예보가 연속해서 두 번째 해에도 전국을 휩쓸고 있는 가운데, 회복될 모든 희망을 깨뜨리고 있다. 애굽이든 다른 어느 곳이든, 현실은 정부의 구조가 없이는 이 대기근을 피할 수 없다는 것이다.

지주들에게서 나오는 최신 보고가 이 사실을 가리킨다. 어려웠던 지난 한 해 동안은 그들이 사적으로 비축해 둔 곡물로 겨우 나라를 지탱했는데, 올해에는 감당하지 못할 것이라고 한다. 많은 사람들이 말하기를, 그들의 비축량은 이미 바닥이 났거나 거의 바닥이 나고 있다고들 한다.

한편, 정부의 방대한 곡식 비축 창고는, 지금까지 굳게 잠겨 있고 안전하게 지켜지고 있다. 점점 나라의 유일한 희망으로 대두되고 있다. 사람들이 날마다 왕궁 담 밖에 모여 구조의 손길을 부르짖고 있다.

몇 달 후의 기사입니다.

정부 곡식이 판매용으로 방출되다

국제적인 기근이 계속 악화되면서, 사브낫바네아 총리는 어제, 정부 저장고의 곡식을 공적으로 정한 가격에 팔겠다고 발표했다.

총리는 말하기를, 곡식 가격은 두 가지 방식으로 매겨질 것이라고 했다. 애굽인들에게는 낮은 가격으로, 다른 나라에서 곡식을 사러 오는 사람들에게는 더 높은 가격으로 판매할 것이라고 했다.

기근은 애굽 역사에서 사실이었습니다. 애굽의 풍요로운 농업은 주로 해마다 홍수로 강들(일차적으로 나일강)이 범람하는 덕택에 이루어졌습니다. 범람으로 널따랗고 비옥한 나일 삼각주가 만들어졌습니다. 홍수가 물러가고 남겨진 비옥한 퇴적토는 그 쌓인 표토층의 두께가 2미터가 넘었습니다. 기근은 대부분 가뭄 때문에 생긴 것이었습니다. 비가 오지 않아 농사를 풍요롭게 하는 홍수가 줄어들었고, 그 결과 문자 그대로 농사를 지을 수 없게 되었습니다.

그러한 기근이 일어난 것이 이번이 처음도 마지막도 아니었습니다. 예를 들어, 한번은 홍수 범람이 줄어들어 2년간의 기근으로 60만 명이 죽은 적도 있었습니다. 또 다른 기록을 보면, 생존자들이 인육을 먹었고, 먹을 것이 없어 무덤까지 파헤쳤다고 합니다.

이러한 급박한 상황 속에서 애굽인들은 사브낫바네아의 강력한 통치를 실제로 환영했던 것입니다.

힘든 시기가 하는 것

힘든 시기는 사람들의 성품을 드러내 보여 줍니다. 편안한 시기는 안일과 탐욕을 조장합니다.

힘든 시기는 강인한 정신의 리더십을 낳습니다. 편한 시기는 자기 탐닉적이고 자기중심적인 리더십을 낳습니다.

힘든 시기는 사람들을 하나님께로 향하게 하기도 하고, 하나님을 떠나 멀어지게도 합니다.

풍요로운 시기를 거치면서 요셉은 자기가 펼친 건설 및 조세 정책이 많은 사람에게 강압적으로 보일 수도 있었지만, 계속 그 정책을 강하게 시행했습니다. 이제 전에 예언한 대로 힘든 시기가 시작되었습니다. 요셉은 그때나 지금이나 강인한 자세로 대응하고 있음을 볼 수 있습니다. 결국 모든 애굽 백성은 바로 앞에 무릎 꿇게 될 것입니다. 그것은 그들이 살아남기 위해 치러야만 하는 값이었습니다.

겉으로 보면 펼쳐지는 사건들 속에서 어떤 부분에서는 요셉이 상황 변화를 알아채지 못하고 좀 둔감한 것처럼 보일 수도 있습니다. 당신이 중소 도시의 시장으로 선출되었다고 한번 가정해 보십시오. 그 도시에는 당신이 만들지 않은 법과 규정도 있습니다. 하지만 당신은 그것을 집행하지 않을 수 없습니다. 강제로라도 집행해야 합니다. 당신은 그 법 중 일부를 좋아하지 않습니다. 또 그 법을 집행하기 위해 해야만 하는 행동이 마음에 내키지 않습니다. 그래도 여전히 당신은 당신의 책임을 수행할 수밖에 없습니다.

요셉이 직면한 것이 바로 이와 같았습니다. 그에게는 권위가 있었습니다. 그러나 그 또한 권위 아래에 있었습니다. 그는 자기가 맡은 책임을 수행했습니다. 애굽왕 바로에 대한 충성심으로 자기 책임을 수행했습니다. 또한, 자신이 하나님께서 계시하신 예언을 수행 중에 있다는 사실을 분명히 알고 있었습니다.

요셉은 바로의 꿈을 통하여 하나님의 지시를 받았습니다.

사람들의 생명을 구하라는 지시였습니다. 나중에 가서야 비로소 그것이 자기 가족의 생명을 구하는 일이었음을 깨닫게 됩니다. 어린 시절의 꿈들은 희미한 기억 속에 있었고 다시는 반복되지 않았습니다. 이제는 단지 자기의 숙명처럼 여기는 것을 날마다 묵묵히 수행하고 있었습니다.

요셉은 성실하게 하루하루 자기 직무를 수행할 뿐이었습니다. 아무리 잘해도 어려운 일이었습니다. 그리고 총리로서 사브낫바네아의 첫 번째 책임은 애굽인들을 보전하는 일이었습니다.

우리가 겪는 기근의 시기

우리에게 적용하자면, 이 기근의 시기를 통해 **요셉의 길**의 원리를 여러 가지 이끌어 낼 수 있습니다.

하나는, 우리에게도 기근의 시기가 반드시 있으리라는 것입니다. 육체적으로, 감정적으로, 정신적으로, 영적으로 말입니다. 때로 삶의 환경이 우리의 통제를 벗어난 것처럼 보입니다. 그 이유는 다양합니다. 경제적 요인일 수도 있고, 다른 사람의 행위일 수도 있고, 질병일 수도 있고, 인간관계에서 겪는 갈등일 수도 있고, 학업이나 직업상 겪는 어려움일 수도 있고, 가정생활의 어려움에서 오는 문제일 수도 있습니다.

이와 함께 신체적 스트레스가 엄습할 뿐만 아니라 영적 싸움이 몰려옵니다. 이런 시기가 언제든지 누구에게나 다가올 수 있다는 사실을 인식하는 것은 아주 중요합니다. 이를 통해 우리는 자신이 연약한 인간이라는 것과 또한 자신이 영적 싸움 중에 있다는 것을 깨닫게 됩니다.

우리의 길을 가기 위해서는 이러한 힘든 일들이 있을 것을 예상해야 합니다. "사랑하는 자들아, 너희를 시련하려고 오는 불 시험을 이상한 일 당하는 것같이 이상히 여기지 말고, 오직 너희가 그리스도의 고난에 참예하는 것으로 즐거워하라. 이는 그의 영광을 나타내실 때에 너희로 즐거워하고 기뻐하게 하려 함이라"(베드로전서 4:12-13). 어떤 번역본에서는 이렇게 풀어 썼습니다.

> **친구 여러분, 사는 것이 참으로 힘들더라도, 하나님께서 일하시지 않는다고 속단하지 마십시오. 오히려 그리스도가 겪으신 고난의 한가운데에 여러분이 있게 된 것을 기쁘게 여기십시오. 이 고난은 영광이 임박했을 때 여러분이 통과해야 하는 영적 제련의 과정입니다. (메시지 성경)**

기근의 시기로부터 이끌어 낼 수 있는 또 하나의 원리는, 권위를 가지고 있을 때, 그것을 충성스럽게 잘 행사하라는 것입니다. 요셉이 그랬듯이 말입니다.

권위는 결코 가볍게 취급되어서는 안 됩니다. 특히 어렵고 힘든 시기 가운데 있을 때는 더욱 그렇습니다. 우리 모두는 나름대로 어떤 종류의 권위를 가지고 있습니다. 그것이 비록 가정 안에서일지라도 말입니다. 많은 이들이 권위를 가지고 있습니다. 일터에서, 교회 안에서, 또는 기타 모든 조직 속에 서일 수도 있습니다. 권위를 행사할 때에, 우리의 결정이 항상 인기 있는 것은 아닐 수도 있습니다.

재난과 시험의 시기는 사람들 속에 최상의 결과를 낳기도 하고 최악의 결과를 낳기도 합니다. 어떤 이들은 자기 보존만을 위해 일합니다. 어떤 이들은 사람들을 섬기고 돕기 위하여 일합니다. 자신이 심한 스트레스를 받고 있을 때에도 말입니다. 나중에 보게 되듯이, 그것은 요셉의 형제들 속에는 최악의 결과를 가져왔습니다. 그러나 요셉 속에는 최선의 결과를 가져왔습니다. 특히 요셉의 리더십과 성품에서 그렇습니다.

묵상 및 적용

1. 당신이 과거에 겪었던 힘든 시기 때문에, 지금 자신의 삶 속에서 경험하고 있는 유익은 무엇입니까?

2. 힘든 시기에 당신의 어떤 성품이 드러났습니까?

3. 당신이 현재 가지고 있는 권위는 무엇입니까? 이 권위를 얼마나 잘 행사하고 있습니까? 당신이 행사하는 권위에 대하여 사람들이 무엇이라고 말하겠습니까?

제 12 장

게임이 시작되다

나는 하나님을 경외하노니
너희는 이같이 하여 생명을 보전하라.
창세기 42:18

제 12 장

게임이 시작되다

당신은 하나님의 손이다

때는 절망적이었습니다. 기근이 모든 지역을 강타했습니다. 주변에 영향을 받지 않은 나라가 없었습니다.

그런데 한 곳에는 아직도 식량이 있다는 소문이 재빨리 퍼졌습니다. 그 가운데서 모든 이의 주목을 한 몸에 받는 사람이 있었습니다. 요셉이었습니다. "각국 백성도 양식을 사려고 애굽으로 들어와 요셉에게 이르렀으니 기근이 온 세상에 심함이었더라"(창세기 41:57). 기근이 온 세상을 휩쓸고 있었으므로 외국에서도 요셉에게 곡식을 사려고 애굽으로 몰려들었습니다.

야곱과 그의 가족이 보인 필사적인 행동은 이 모든 땅에 있는 수많은 가족이 놓인 곤경을 잘 보여 주었습니다. "때에 야곱이 애굽에 곡식이 있음을 보고"(창세기 42:1) 곡식을 사 오도록 열 아들을 애굽으로 보냈습니다. 막내인 베냐민을 제외하고 모두 보냈습니다. 요셉에게 베냐민은 같은 어머니에게서 난 하나뿐인 친동생이었습니다. 열 아들을 보내면서 야곱은 이렇게 말했습니다. "내가 들은즉 저 애굽에 곡식이 있다 하니, 너희는 그리로 가서 거기서 우리를 위하여 사오라. 그리하면 우리가 살고 죽지 아니하리라"(42:2). 야곱이 한 이 말은 요셉 자신이 훗날 명확히 표현하게 될 더 깊은 주제를 미리 보여 주었습니다.

적어도 야곱 가족에게는 곡식 값을 지불할 만큼 여유가 있었습니다. 그렇다고 곡식을 구해 온다는 보장은 없었습니다. 사브낫바네아 총리의 일차적 책임이 애굽인들에게 우선적으로 곡식을 팔아 그들을 보전하는 일이었기 때문입니다.

총리 요셉

요셉 이야기는 이제 중요한 갈림길에 다다릅니다. 요셉의 생애에서 지난 20여 년간을 돌아보면, 인생 맨 밑바닥으로 곤두박질쳤다가 갑자기 최고 위치로 올라갔습니다. 전혀 꿈에도 생각지 못한 인생 여정이었습니다. 처음 13년간은 사랑하는 아버지와 생이별하고, 이어 노예로서 부당하고 불의한 대우를 받는 고통의 세월이었습니다. 그러다 갑자기 생각도 못한 권력을 소유하고 행사하게 되었습니다. 이 시점에서 요셉이 자기 삶에 일어난 모든 이상한 사건들의 궁극적 목적을 이해했는지에 대해서는 우리는 아직 아무런 단서를 발견하지 못합니다. 그러나 그는 그 사건들이 자기를 이끌어간 곳에 대하여 감사하였고, 성실하게 자기 책임을 다하였습니다. 기근으로 위기가 점점 심화되고 있는 상황에서, 그는 사람들이 마지막으로 기대고 도움을 청할 수 있는 유일한 사람이었습니다. 창세기에 이 사실을 이렇게 강조하여 기록하고 있습니다. "그때에 요셉은 나라의 총리가 되어서 세상의 모든 백성에게 곡식을 파는 책임을 맡고 있었다"(42:6, 새번역).

요셉이 맡은 책임은 외국인들에 대한 곡식 판매를 승인하는 일이었습니다. 곡식을 사려고 대상들이 사방 모든 나라에서 몰려들었습니다. 어느 날 그에게 나아온 이 외국인들 가운데서 요셉은 자기 형들을 알아보았습니다.

이후에 나오는 창세기 기사는 성경 전체에서 아주 흥미진진하고 관심을 확 끄는 이야기 중 하나입니다.

"요셉의 형들이 와서 그 앞에서 땅에 엎드려 절하매"(42:6). 그 모습을 볼 때 틀림없이 요셉은 불현듯 과거에 있었던 사건이 떠올랐을 것입니다. 하늘에서 번쩍하고 번개가 치듯이 말입니다. 오래 전에 꾸었던 꿈입니다. 자기 형제들이 자기 앞에 절하는 꿈입니다.

"요셉이 보고 형들인 줄 아나 모르는 체하고"(7절). 이 막강한 권력을 가진 애굽 총리 요셉. 그의 태도, 용모, 옷차림은 십대 시절과는 너무도 달랐습니다. 아주 오래 전 형들이 자기 동생을 배반할 때 마지막으로 보았던 모습과는 아무것도 같은 게 없었습니다. 게다가 요셉은 자기 신분을 드러내는 행동은 하지 않았습니다. 요셉은 한눈에 형들인 줄 알았지만 모르는 체하였습니다. 그리하여 요셉이 형들과 벌이는 일종의 게임과 같은 일이 시작되었습니다. 그 게임은 진행되면서 점점 더 격렬해지고 복잡해졌습니다.

거친 상봉

입장을 바꿔서 당신이 요셉이라면 어떻게 했겠습니까? 이야기는 여러 가지 다른 방향으로 흘러갈 수도 있었습니다. 누구나 쉽게 상상할 수 있습니다. 이를테면, 요셉은 즉시 형들에게 자신을 드러내고, 오래 전 그들이 자기에게 행한 일에 대하여 화를 낼 수도 있습니다. 그의 강력한 지위를 고려해 볼 때 여러 가지 형태로 무서운 보복을 할 수도 있습니다. 또는 자신을 나타내면서 그 즉시 형들을 용서하는 행동을 보일 수도 있습니다.

그런데 요셉은 그 어느 것도 택하지 않았습니다. 대신 자기 신분을 숨기고는, "엄한 소리로" 그들에게 "너희가 어디서

왔느냐?"(7절) 하고 물었습니다. 그러고는 곧바로 쌀쌀하게 "너희는 정탐들이라"(9절)고 했습니다. 그들을 네 번이나 정탐이라고 추궁하고는(9,12,14,16절), 다 함께 3일을 가두었습니다(17절).

여기서 요셉의 행동이 아무래도 너무 매정하다든지, 꼭 그렇게까지 할 필요가 있었을까 하고 의문을 던질 수도 있습니다. 그는 20여 년 전 형들이 저지른 악행을 다루면서 단지 형들에게 뭔가 교훈을 가르쳐 주려고 결심한 것이었을까요?

이 복잡 미묘한 이야기가 창세기에 한데 얽히고설켜 있습니다. 이는 앞에서 한 질문에 답하는 데 도움이 됩니다. 예를 들어, 9절에 보면, 요셉이 첫 번째 추궁을 하는 장면이 나오는데, 바로 그 앞에 이런 기록이 나옵니다. "요셉이 그들에게 대하여 꾼 꿈을 생각하고"(9절). 우리의 주의를 불러일으키는 것은, 요셉은 형들과의 이 새로운 상봉을 더 크고 영원한 하나님의 관점에서 보고 있다는 사실입니다. 형들을 보면서 오래 전에 꾼 꿈을 생각하게 되었습니다. 이는 개인의 복수를 훨씬 뛰어넘는 관점입니다. 요셉의 행동을 이끌어 간 것은 하나님께서 주신 꿈이었지, 형들이 저지른 악한 행동이 아니었습니다.

요셉의 행동으로 촉발된 형들의 반응 속에서 또한 더 큰 힘이 역사하는 것을 봅니다. 그들은 자신들이 "독실한 자"라고 말하고는, 그것을 증명하기 위해 자연스럽게 가족사를 꺼냈습니다. "우리는 열 형제가 아니라 본래 열두 형제인데, 말째 아들은 오늘 아버지와 함께 있고, 또 하나는 없어졌습니다"(13절). 이렇게 말입니다.

그 순간에 집에 남아 있는 막내아우에 대해서는 말하지 않는 게 쉽고 자연스러웠습니다. 그리고 그 상황에서 실제로 굳이 꺼낼 필요도 없었습니다. 슬픔에 찬 아버지 야곱이 나중에 한탄하며 말했듯이 말입니다. "너희가 어찌하여 너희에게 오히려 아우가 있다고 그 사람에게 고하여 나를 해롭게 하였느냐?"(43:6).

또한 그들은 잃어버린 지 오래 된 동생을 이야기하지 않는 게 더 쉬웠습니다. 그러나 애굽 총리와 껄끄럽고 까다로운 대면을 하면서 왠지는 모르지만 마음에 요셉이 생각났습니다.

형들이 보인 반응에 요셉이 나타낸 언사와 행동은 훨씬 더 거칠어졌습니다. 바로의 이름을 들면서 다음과 같이 엄숙한 맹세를 했습니다. "바로의 생명으로 맹세하노니 너희 말째 아우가 여기 오지 아니하면 너희가 여기서 나가지 못하리라"(15절). 그리고 나서 요셉은 그들의 진실함을 시험하기로 결정했습니다. "너희 중 하나를 보내어 너희 아우를 데려오게 하고 너희는 갇히어 있으라. 내가 너희의 말을 시험하여 너희 중에 진실이 있는지 보리라. 바로의 생명으로 맹세하노니 그리하지 아니하면 너희는 과연 정탐이니라"(16절). 하나가 가서 막내아우를 데려와라. 그 사이에 나머지 아홉 명은 애굽의 감옥에 갇혀 있어라! 자신의 명령이 지엄함을 강조하고 그들에게 생각할 시간을 주기 위하여 그들 모두를 3일 동안 가두었습니다(17절).

범죄가 드러나다

3일 후 총리는 형들을 끌어내어 다시 말했습니다. 이번에는 제안을 수정했습니다. 그들 중 하나만 감옥에 갇혀 있고, 그 사이에 나머지 사람들은 가나안으로 가서 가족들의 굶주림을 구하고 막내아우를 데리고 오라고 했습니다.

이 말을 하면서, 총리는 명백하게 하나님을 대화 속으로 들여왔습니다. "나는 하나님을 경외하노니"라고 그들에게 말했습니다. 또한 형제들의 상황을 '생명'과 '죽음'이라는 단어로 표현했습니다. "너희는 이같이 하여 생명을 보전하라.…너희가 죽지 아니하리라"(42:18,20).

이 말을 듣고 형들이 보인 반응에 또 다른 흥미로운 사실이 드러났습니다. 그들은 자기들끼리 서로 히브리어로 말했지만, 이 엄한 애굽 총리가 다 알아들을 줄은 꿈에도 몰랐습니다(23절).

그들은 양심 때문에, "없어진" 동생 요셉이 머릿속에서 떠나지 않고 계속 남아 있었습니다. 그들은 이제, 과거 그들이 요셉에게 저질렀던 악한 행동과 현재 자신들이 겪는 괴로움 사이에 있는 직접적인 인과관계를 이야기했습니다. 그들은 사실상 그를 죽이려 했다는 사실을 고백한 셈입니다. "우리가 아우의 일로 인하여 범죄하였도다. 그가 우리에게 애걸할 때에 그 마음의 괴로움을 보고도 듣지 아니하였으므로 이 괴로움이 우리에게 임하도다"(21절). 다른 번역본으로도 읽어 봅시다. "그렇다! 아우의 일로 벌을 받는 것이 분명하다! 아우가 우리에게 살려 달라고 애원할 때에, 그가 그렇게 괴로워하는 것을 보면서도, 우리가 아우의 애원을 들어주지 않은 것 때문에, 우리가 이제 이런 괴로움을 당하는구나!"(새번역).

지난 세월 동안 늘, 제발 살려 달라고 애걸하던 요셉의 목소리가 계속 맴돌며 뇌리에서 떠나지 않고 그들을 괴롭혔습니다. 그런데 그때 그들은 끝내 동생의 괴로움과 애원을 외면하고 듣지 않았습니다. 그때 이후로 줄곧 황폐한 양심을 안고 살아왔습니다. 늘 마음에는 평안이 없었습니다. 진실을 아버지에게 고백하기를 거부했기 때문입니다. 그 대신 끝까지 아버지에게 한 거짓말을 고의로 감추는 쪽을 선택했습니다.

이제 동생들을 꾸짖은 맏형 르우벤이 하는 말을 들어 봅시다. "내가 너희더러 그 아이에게 득죄하지 말라고 하지 아니하였느냐? 그래도 너희가 듣지 아니하였느니라. 그러므로 그의 피 값을 내게 되었도다"(22절). 이 말은 그들이 지은 죄가 참으로 깊은 것이며, 결코 피할 수 없는 것임을 드러내 보여 주었습니다.

그 고백을 듣고, 요셉은 참을 수가 없었습니다. 감정이 북받쳤습니다. 듣다 못한 요셉은 그들 앞에서 잠시 떠나 물러가서 울었습니다(24절). 그의 감정은 깊었습니다, 그 눈물은 그가 이미 그들을 용서했다는 분명한 표시였습니다. 심지어 자신에게 범한 죄 때문에 괴로워하는 형들의 고통을 동정하는 시점까지 왔습니다.

그러나 총리는 엄한 모습을 유지해야 했습니다. 잠시 후 마음을 진정하고 다시 돌아와서 그들과 말하는 중에 그들 중에서 시므온을 붙잡아 그들이 보는 앞에서 결박하였습니다(24절).

나머지 아홉 형제는 곡식이 가득 든 자루들을 가지고 애굽을 떠나 가나안으로 향했습니다. 마침내 그 애굽 총리 앞을 떠나면서, 그들은 시므온의 운명이 어떻게 될지는 잘 몰랐지만, 일단 안도의 한숨을 쉬었습니다.

그러나 요셉이 그들과 벌이고 있는 게임이 끝나려면 아직도 멀었습니다.

하나님이 어찌하여?

그들이 하룻밤 묵어갈 곳에 이르렀을 때에, 그들 가운데서 한 사람이 자기 나귀에게 먹이를 주려고 자루를 풀다가 자루 아귀에 자기 돈이 그대로 들어 있는 것을 보았습니다. 곧바로 이 사실을 형제들에게 알렸습니다.

순간 갑자기 절망감이 덮쳤습니다. "이에 그들이 혼이 나서 떨며 서로 돌아보며 말하되, '하나님이 어찌하여 우리에게 이 일을 행하셨는고?'"(28절). 하나님께서 우리에게 이 일을 행하셨다! 그들이 서로에게 한 이 말은, 그들이 알고 있는 것 훨씬 그 이상으로, 무척이나 당혹스러웠던 이 모든 일 이면에 있는 본질적 진실을 가리키고 있었습니다.

그들은 요셉에게로 돌아가 은을 돌려주는 대신 계속 가나안으로 길을 재촉했습니다. 그들은 아버지에게 그동안 일어났던 모든 일을 자세히 알려 드렸습니다. 베냐민을 데리고 오라는 총리의 요구도 그대로 말씀드렸습니다. 이렇게 말하고 나서 모두 자기 자루를 쏟았습니다. 곡식을 모두 쏟아내자 다른 자루 속에서도 각기 돈주머니가 함께 쏟아져 나왔습니다. 아버지 야곱과 요셉의 형들은 모두 깜짝 놀라며 두려워하였습니다(35절). 그들은 더욱 깊이 두려움에 빠지게 되었습니다.

이때 야곱이 느끼는 고통은 아들들의 고통보다 훨씬 더 컸습니다. 그는 가슴을 치면서 한숨지었습니다. 그러고는 아들들에게 소리쳤습니다. "너희가 나로 나의 자식들을 잃게 하도다. 요셉도 없어졌고 시므온도 없어졌거늘 베냐민을 또

빼앗아 가고자 하니, 이는 다 나를 해롭게 함이로다"(36절). 모든 일이 다 나를 괴롭게만 하는구나!

놀랍게도 여기서 야곱은 요셉의 이름을 직접 입에 올리며 아들들에게 "너희가 나로 나의 자식들을 잃게 하도다!"라고 하였습니다. 요셉의 형들은 아버지 야곱에게 요셉이 짐승에게 찢겨 죽었다고 거짓으로 고했는데, 야곱의 말은 요셉이 없어진 그 사건에 대하여 그 이상으로 알고 있었음을 암시했습니다. 야곱은 요셉이 없어진 데 대한 혐의를 그들에게 두었습니다. 아버지가 하는 말을 들으면서 그들은 자기들이 지은 범죄를 또 다시 떠올렸습니다.

어쩌면 이 순간이 야곱이 살아온 긴 인생에서 최저점이었습니다. 아이러니하게도, 그의 고통은 직접적으론 요셉의 운명과 연관하여 아들들에게 속은 결과이기도 하지만, 또한 간접적으론 야곱이 가장 사랑했던 아들인 요셉에게 형제들 자신이 속은 결과이기도 합니다. 그 노인은 이제 자신이 과거에 뿌린 것을 거두고 있는 것일까요?

'야곱'이라는 이름은 '발꿈치를 잡은 자', '속이는 자', '빼앗는 자' 등의 뜻을 지니고 있습니다. 속이는 것이 야곱이 살아온 삶의 패턴이었습니다. 그것은 아버지의 축복을 가로챌 때 특히 잘 드러났습니다. 그는 어머니와 공모하여 아버지 이삭을 속이고, 형 에서에게서 아버지의 축복을 가로채었습니다(창세기 27장). 야곱은 두 아내와 두 첩을 거느리고 가정을 이루었는데, 그 밑바탕에는 갈등과 속임이 있었습니다.

그러한 행동으로 나타난 결과는 쉬 끝나거나 사라지지 않고 오래갔습니다. 한 방 세게 얻어맞고서 야곱은 이제 행동하기가 두려워졌습니다. 베냐민을 애굽으로 보낸다는 생각 자체를 완강히 거부했습니다. 그러나 기근이 더 심해지고, 애굽에서 가져온 식량이 다 떨어져 가자, 야곱은 다시 고려하지 않을 수 없었습니다. 그래서 아들들에게, 다시 가서 양식을 조금 사 오라고 했습니다(43:1-2). 그때 아들 유다가 아버지에게, 애굽 총리가 베냐민을 반드시 데려와야 한다고 했으니 베냐민을 데리고 가게 해 달라고 했습니다. 그러면서 베냐민에게 만일 무슨 일이 생기면 자기 목숨을 내놓겠다고 맹세했습니다(8-9절).

마침내 야곱은 허락했습니다. 총리에게 바칠 특별 선물과 더불어 돈도 두 배로 가지고 가라고 했습니다(11-12절). 야곱이 애굽으로 떠나는 아들들과 이별할 때 한 말에는 긴장감이 맴돌았습니다. 하나님께 대한 믿음과 아울러 두려움도 담겨 있었습니다. 그는 "내가 자식을 잃게 되면 잃으리로다" 하고 모든 것을 하나님께 맡기고 현실을 받아들였습니다.

네 아우도 데리고 떠나 다시 그 사람에게로 가라. 전능하신 하나님께서 그 사람 앞에서 너희에게 은혜를 베푸사 그 사람으로 너희 다른 형제와 베냐

민을 돌려보내게 하시기를 원하노라. 내가 자식을
잃게 되면 잃으리로다. (창세기 43:13-14)

야곱과 온 가족은 머지않아 알게 됩니다. 야곱의 말대로, 그들은 아들이요 형제요 하나님의 종이요 애굽 총리인 요셉을 통하여 하나님께서 그들에게 베푸신 은혜를 보게 됩니다.

그러나 요셉이 벌이고 있는 게임이 끝나려면 아직도 멀었습니다. 앞으로도 해야 할 게 많았습니다.

요셉이 하나님의 목적을 깨달아 가는 과정을 묵상해 보십시오. 그리고 당신의 삶을 돌아보십시오. 그동안 당신의 삶에서 일어난 사건들 속에서 하나님의 손길과 지혜를 볼 수 있습니까? 당신의 삶 역시 요셉 못지않게 하나님의 목적이 성취되어 가는 과정입니다. 국가와 민족을 구하는 일이 아닐지라도, 가족과 사랑하는 사람들의 삶에 깊은 영향을 줄 수는 있습니다. 잠시 멈추어서 하나님께 기도하십시오. 지나간 과거 삶 속에서 하나님의 목적을 보게 해 달라고.

묵상 및 적용

1. 오랜 세월 형제들을 떠나 있다가 마침내 형들을 만났을 때 요셉이 보인 행동을 깊이 생각해 보십시오. 이때 요셉의

마음에 무엇이 가장 먼저 떠올랐으리라고 생각합니까?

2. 이 이야기에서 요셉에게 가장 강하게 나타나는 성격상 특성은 무엇입니까?

3. 이 이야기에서 요셉의 형들에게 가장 강하게 나타나는 성격상 특성은 무엇입니까?

제 13 장

게임이 끝나다

전능하신 하나님께서
그 사람 앞에서 너희에게
은혜를 베푸...시기를 원하노라.
창세기 43:14

제 13 장

게임이 끝나다

모든 일 속에서 하나님을 보라

다시 애굽에 도착했을 때 형들은 깜짝 놀랐습니다. 두려웠습니다. 총리의 집으로 오라는 통보를 받았기 때문입니다. 그 이유가 풍성한 식사인 줄은 전혀 알지 못했습니다.

요셉의 형제들은 최악의 상황을 추측했습니다. "…이는 우리를 억류하고 달려들어 우리를 잡아 노예를 삼고 우리의 나귀를 빼앗으려 함이로다"(창세기 43:18). 그들은 지난번에 이 사람과 대면했던 경험을 통해 충분히 깨달았습니다. 그 사람에게 더 가까이 노출되어 봐야 좋을 게 하나도 없다는 사실을 말입니다.

여전히 감춰져 있다

그들은 요셉의 청지기를 따라가면서, 자기들 자루 속에서 발견된 돈에 관하여 자초지종을 있는 그대로 아주 정직하게 설명했습니다(19-22절). 순전히 착오였다는 것입니다! 이제 그 돈을 전부 다시 가져왔고, 그에 더하여 추가로 곡식 살 돈도 더 많이 가져왔노라고 이야기했습니다. 그러면서 "우리의 돈을 우리 자루에 넣은 자는 누구인지 우리가 알지 못하나이다"(22절)라고 했습니다.

그런데 청지기의 대답은 매우 당혹스러웠고 무슨 말인지 도무지 갈피를 잡기 힘들었습니다. "너희는 안심하라. 두려워 말라. 너희 하나님, 너희 아버지의 하나님이 재물을 너희 자루에 넣어 너희에게 주신 것이니라. 너희 돈은 내가 이미 받았느니라"(23절).

물론 그 청지기는 그동안 내내 요셉이 하고 있는 게임에 참여하고 있었음이 틀림없습니다. 더욱이 이 청지기가 한 말에서, 우리는 요셉이 자기가 이끄는 사람들에게 끼친 영향력을 엿볼 수 있습니다. 이 청지기가 "너희 하나님, 너희 아버지의 하나님" 즉 그들의 하나님에 대하여 어떻게 알 수 있었을까요? 그들의 아버지 야곱의 하나님 곧 오직 하나이신 참되신 하나님에 대하여 요셉이 드러내 놓고 이야기하지 않았다면 말입니다. 요셉은 아마 거의 틀림없이 청지기를 비롯한 집안 사람들을 하나님께로 인도하였으리라 믿습니다.

총리의 집으로 인도된 형제들은 뜻밖의 사실을 알고 깜짝 놀랐습니다. 거기서 함께 식사를 하게 될 예정이라고 했습니다. 강제로 노예가 되어 섬기는 대신, 그들 자신이 섬김을 받게 된다니, '이거 혹시 함정이 아닐까?' 하는 생각이 들었을지도 모릅니다.

이윽고 요셉이 그들과 함께하게 되었습니다. 한 번 더 그들은 땅에 엎드리어 요셉 앞에 절했습니다(26절). 오래 전에 요셉이 꾼 꿈을 다시 생각나게 하는 장면이었습니다. 전번에 보인 엄한 태도와는 완전히 대조되는, 예의 있고 친절한 태도로, 총리는 그들에게 아버지 안부를 물었습니다. "너희 아버지, 너희가 말하던 그 노인이 안녕하시냐? 지금까지 생존하셨느냐?"(27절). 그들은 야곱에 대하여 좋은 보고를 하고는 다시 머리 숙여 절했습니다. "그들이 대답하되, '주의 종 우리 아비가 평안하고 지금까지 생존하였나이다' 하고 머리 숙여 절하더라"(28절). 거의 마치 요셉이 그들에게 완전히 알려진 것 같은 분위기였습니다. 그들은 그저 형제로서 먼 곳에 사는 형제를 방문하러 온 것 같았습니다.

요셉은 제일 먼저 베냐민에게 따뜻한 눈길을 보냈습니다. 베냐민은 '자기 어머니의 아들, 자기 동생'이었습니다. "요셉이 눈을 들어 자기 어머니의 아들, 자기 동생 베냐민을 보고…"(29절). 그러고는 베냐민을 이렇게 축복했습니다. "소자여, 하나님이 네게 은혜 베푸시기를 원하노라"(29절). 앞서 청지기가 형들에게 한 말과 같이, 여기에 또 한 번 "하나님"이란 말이 나왔습니다. 전혀 예상치 못한 사람의 입에서 말입니다.

요셉은 "아우를 인하여 마음이 타는 듯"하였습니다(30절). 동생을 보고는 북받쳐 오르는 정을 억누르지 못하였습니다. 그러나 아직 자신을 나타낼 준비가 되어 있지 않았기에, 감정을 억제하고 다시 한 번 더 그들 앞을 떠났습니다. "급히 울 곳을 찾아 안방으로 들어가서 울고"(30절). 그는 자신의 신원을 숨겼을 뿐만 아니라, 자기 가족에 대한 깊은 감정도 숨겼습니다.

연회가 진행되자, 더 깜짝 놀랄 일이 그들을 기다리고 있었습니다. 형제들은 자신들이 나이 순서대로 앉게 된 것을 알고 서로 이상히 여겼습니다(33절). 맏형부터 막내아우까지 자리가 나이 순서대로 정해져 있었습니다. 그들은 어리둥절한 표정으로 서로 얼굴을 쳐다보았습니다. 게다가 베냐민은 다른 형제들보다 음식을 다섯 배나 받았습니다. 그들은 요셉과 함께 먹고 마시며 즐거워했습니다(34절).

이런 실마리가 있었어도 그들은 여전히 요셉이 벌이고 있는 게임을 알아차리지 못했습니다.

우리도 그와 같지 않습니까? 하나님께서는 우리에게 많은 단서를 주십니다. 우리를 향한 그분의 인도하심에 관하여,

그리고 우리 삶의 여러 이슈들을 다스리시는 그분의 통치에 관하여 말입니다. 그러나 우리는 그 단서들이 주는 의미를 놓칩니다.

모든 게 그들을 거스르다

다음날 아침 형제들은 기분 좋게 가나안으로 돌아가는 여행을 시작했습니다. 자루에는 다시금 귀한 곡식이 가득했습니다. 그들은 가면서 지난번과 비교하면 분위기와 상황이 얼마나 다른지 서로 이야기했을 것입니다. 지난번에는 총리가 아주 엄하게 대하는 바람에 얼마나 두려웠는지 모릅니다. 분위기도 험악했고 이런저런 고충이 참으로 많았습니다. 그런데 이번에는 총리와 함께 깜짝 식사까지 하게 되다니 상상도 못할 일이었습니다. 악몽 같은 추억 대신 즐거운 추억을 안고 귀향하고 있었습니다. 그리고 훨씬 더 중요한 사실은, 이번에는 11명 모두가 함께 그들을 손꼽아 기다리는 아버지에게 돌아가고 있었다는 점입니다.

그런데 그때 갑자기, 요셉이 벌이고 있는 게임에서 요셉이 둔 그 다음 수가 그들을 전보다 더 큰 충격으로 몰아넣었습니다.

그들이 뒤돌아보니 요셉의 청지기가 자기들 쪽으로 다가오고 있었습니다. 청지기의 말은 그야말로 충격이었습니다. 가슴이 철렁하였습니다. "너희가 어찌하여 악으로 선을 갚느냐?"(창세기 44:4). 이 선과 악이라는 주제가 나중에, 요셉과 형제들 간의 게임이 최고조에 다다르는 순간 다시 강력하게 나타납니다. 그러나 그 당시로서는 아직 멀고도 멀었습니다.

    청지기는 형제들을 책망했습니다. 총리 집에서 은과 금을 도적질했다고 했습니다. 그중에는 총리가 개인적으로 쓰는 귀한 은잔도 있었습니다.

    그들은 이 책망을 듣고 몹시 격분하여 그게 무슨 말이냐는 듯이 따져 물었습니다. "우리 주여, 어찌 이렇게 말씀하시나이까? 이런 일은 종들이 결단코 아니 하나이다! 우리 자루에 있던 돈도 우리가 가나안 땅에서부터 당신에게로 가져왔거늘, 우리가 어찌 당신 주인의 집에서 은, 금을 도적질하리이까?"(7-8절). 그들은 자신들의 결백을 확신하면서 순간적인 감정에 끌려 이렇게 맹세했습니다. "종들 중 뉘게서 발견되든지 그는 죽을 것이요, 우리는 우리 주의 종이 되리이다"(9절).

    아마도 요셉이 한 지시를 따라 그랬겠지만, 청지기는 그들에게 훨씬 더 좋아 보이는 제안을 내놓았습니다. 그럼에도 불구하고 그것은 무서운 결과를 가져오는 것이었습니다. "그러면 너희 말과 같이 하리라. 그것이 뉘게서든지 발견되면 그는 우리 종이 될 것이요 너희에게는 책망이 없으리라"(10

절). 은잔이 나오는 사람만 종으로 삼고, 다른 사람들은 집으로 돌아가도 좋다고 했습니다.

그들은 급히 자루를 땅에 내려놓고 각기 풀었습니다. 청지기는 각 사람의 곡식 자루를 뒤지기 시작하였습니다. 맏이에서부터 시작하여 막내에 이르기까지 곡식 자루를 샅샅이 뒤졌습니다. 하나씩 하나씩 자루가 열렸고, 곡물 속을 손으로 더듬어 구석구석 찾았습니다. 놀랍게도 각 자루마다 곡식 값으로 지불한 돈이 나왔습니다. 요셉이 청지기에게 지시한 대로였습니다.

막내인 베냐민의 자루가 맨 마지막이었습니다. 아니 이게 무슨 일입니까? 그 안에는 돈뿐만 아니라, 총리의 은잔도 들어 있는 게 아닙니까?

그들은 이제 자기들이 한 맹세 때문에 함정에 빠졌습니다. 심한 충격과 낙담에 빠져 어찌할 줄 몰라 괴로워하며 자기 옷을 찢었습니다(13절). 20여 년 전 그들의 아버지 야곱이 그랬습니다(창세기 37:34). 그들은 아버지에게 요셉이 짐승에게 찢겨 죽임을 당하였다고 거짓으로 고하였고, 그때 야곱은 "내 아들의 옷이라. 악한 짐승이 그를 먹었도다. 요셉이 정녕 찢겼도다"(창세기 37:33) 하고 너무너무 애통해하며 자기 옷을 찢었습니다.

"그들이 옷을 찢고 각기 짐을 나귀에 싣고 성으로 돌아오니라"(13절). 다른 할 게 아무것도 없었습니다. 도저히 베냐민

혼자 남게 할 수는 없었습니다. 지난번에 시므온처럼 그렇게 할 수는 없었습니다. 베냐민 없이 집에 나타난다면 아버지는 돌아가실지도 모릅니다. 애굽으로 다시 돌아가서 베냐민과 운명을 함께하는 것 말고는 다른 선택이 없었습니다.

어쩌면 그들 중 몇은 아주 희미하지만 이 고통스런 상황에서 건짐을 받는 기적이 일어나리라는 한 가닥 소망을 붙들고 있었을지도 모릅니다. 지난번에 애굽에서 돌아왔을 때 아버지는 자기 감정을 이렇게 표현했었습니다. "이는 다 나를 해롭게 함이로다"(창세기 42:36). 모든 일이 다 나를 괴롭게만 하는구나! 이제 그들은 모두 아버지와 같은 감정을 느꼈을 것입니다. 다 우리를 해롭게 하는구나! 모든 일이 다 우리를 괴롭게만 하는구나!

요셉의 게임은 마지막 종결점을 향하여 치닫고 있었습니다. 요셉은 청지기가 형제들을 자기 앞으로 다시 데리고 돌아오기를 인내로 기다리고 있었습니다. 그는 이제 자기 가족에 관하여 하나님께서 주신 역할을 온전히 이해한 듯 보입니다.

그는 형제들을, 도저히 믿기지 않는 이 드라마의 마지막 단계로 밀어붙이고 있었습니다. 이제 전보다 더 분명하게, 요셉이 추구한 것은 보복이 아니라 그들의 뉘우침이었다는 사실을 보게 됩니다.

필사적인 탄원

그들이 요셉 집으로 돌아왔을 때 요셉은 여전히 집에 있었습니다. 그들은 요셉 앞에 무릎을 꿇고 땅에 엎드려 절하였습니다(창세기 44:14). 오래 전 꿈에서 본 장면이 다시 한 번 반복되었습니다.

총리가 그들에게 물었습니다. "너희가 어찌하여 이런 일을 하였느냐?" 이 질문을 받고, 유다가 주도적으로 나서서 대답했습니다. 그가 한 긴 말은 오랫동안 그들 모두에게 자리 잡고 있었던 상처를 보여 주고 있었습니다. "우리가 내 주께 무슨 말을 하오리이까? 무슨 설명을 하오리이까? 어떻게 우리의 정직을 나타내리이까?"(16절). 유다는 오직 한 가지 결론에 도달할 수밖에 없었을 것입니다. "하나님이 종들의 죄악을 적발하셨다"(16절)는 것입니다. 다시 한 번, 요셉의 삶을 기록하고 있는 이 창세기 기사에서 자주 나타나듯이, 진술 내용이 그것을 말하는 사람이 깨닫는 것보다 훨씬 더 크고 높은 영적 의미를 지니고 있음을 볼 수 있습니다.

유다는 계속하여 말했습니다. 베냐민을 위하여 임기응변책을 제안했습니다. "우리와 이 잔이 발견된 자가 다 내 주의 종이 되겠나이다"(16절). 베냐민 혼자만이 아니라, 모든 형제가 요셉의 종이 되겠다고 제안한 것입니다.

총리는 단호하게 거절했습니다. "내가 결코 그리하지 아니하리라. 잔이 그 손에서 발견된 자만 나의 종이 되고 너희는 평안히 너희 아버지께로 도로 올라갈 것이니라"(17절). 베냐민만 남아서 그의 종이 되고, 나머지는 평안히 "너희 아버지께로" 돌아가라고 했습니다. 이러한 정황은 20여 년 전에 일어났던 사건을 그대로 되비춰주었습니다. 동생 요셉은 노예로 애굽으로 팔려 가고, 나머지는 아버지 야곱이 있는 집으로 돌아갔던 사건입니다.

절망 가운데 유다는 담대히 총리에게 더 가까이 다가갔습니다(18절). 그러고는 길게 사정을 말하였습니다. 자기 아버지에게 베냐민이 어떤 가치가 있는지를 구구절절이 강조했습니다. "우리에게 아비가 있으니 노인이요, 또 그 노년에 얻은 아들 소년이 있으니, 그의 형은 죽고 그 어미의 끼친 것은 그뿐이므로 그 아비가 그를 사랑하나이다"(20절).

그 긴 탄원 중에 유다는 총리에게 그 "없어진" 동생(창세기 42:13)에 대하여 더 이야기하지 않을 수 없었습니다. 그는 그 동생에 대해 "죽었다"고 표현했습니다. 유다는 아버지가 요셉에 대하여 했던 말을 인용했습니다. "주의 종 우리 아비가 우리에게 이르되, '너희도 알거니와 내 아내가 내게 두 아들을 낳았으나, 하나는 내게서 나간 고로 내가 말하기를 정녕 찢겨 죽었다 하고 내가 지금까지 그를 보지 못하거늘'"(27-28절).

이것은 요셉이 알게 된 첫 번째 힌트였습니다. 형들이 자기를 노예로 팔아 버린 후, 어떻게 아버지를 속였는지를 보여 주었습니다. 유다는 여전히 예전에 아버지에게 했던 거짓말을 되풀이하고 있었습니다. 본질상 그는 다시, 하나님 앞에서 그리고 요셉 앞에서, 거짓말을 하고 있었습니다. 자신의 죄를 더 키우고 있었습니다. 그와 더불어 형제들의 죄가 그 뒤에 뭉텅이로 숨겨져 있었습니다.

이 말을 들으면서 요셉은 어떤 생각을 했을까요? 형들이 지어낸 거짓말 때문에 사랑하는 아버지가 겪으셨을 고통을 떠올리면서, 이제 어떻게 보복할까를 생각했을까요?

유다는 계속해서, "너희가 이[베냐민]도 내게서 취하여 가려 한즉 만일 재해가 그 몸에 미치면 나의 흰머리로 슬피 음부로 내려가게 하리라"(29절)라고 야곱이 한 당부를 반복했습니다. 만일 베냐민에게 무슨 일이 일어나게 되면 우리는 백발이 된 아버지를 슬픔 가운데서 무덤으로 내려 보내는 자들이 될 것입니다. 이 노인을 위하여 탄원할 때 유다의 말은 계속 강화되었습니다. "아비의 생명과 아이의 생명이 서로 결탁"(30절)되어 있다고 했습니다. 아버지의 생명은 그 아이의 생명과 밀접하게 하나로 묶여 있다는 것입니다. 마침내 아주 비통한 심정으로, 유다는 총리에게 아뢰었습니다. "제가 아버지께 분명히 말씀드렸습니다. 이 아이를 책임지고 다시 데리고 오겠다고요. 만일 그렇게 하지 못할 경우에는 목숨 걸고 책임지겠다고 말씀드렸지요. 그러니 총리 각하, 제발 부탁입니다. 제가 막냇동생을 대신하여 총리 각하의

게임이 끝나다

종이 되겠습니다. 그러하오니 제발 이 아이만은 꼭 돌아가게 해 주십시오. 이렇게 간청드립니다. 이 아이가 우리 형제들과 함께 고향으로 올라가게 허락해 주십시오. 이 아이를 두고 어떻게 우리만 고향으로 돌아가겠습니까?"(32-34절, 현대 어성경). 마지막으로 그는 야곱을 위하여 말했습니다. "저의 아버지에게 닥칠 불행을, 제가 차마 볼 수 없습니다"(34절, 새번역). 내 아버지에게 닥칠 불행을 제가 보지 않게 하여 주십시오. "우리 아버지께서 우리만 돌아오는 것을 보시고 충격을 받으셔서 슬픔을 가누지 못하고 그냥 세상을 떠나시게 할 수는 없는 일 아닙니까? 총리 각하, 하오니 선처를 부탁드립니다. 이렇게 두 손 모아 총리 각하께 빕니다"(현대 어성경).

툭 터놓고 대화하다

유다는 깨어진 마음으로, 아버지를 보호하기 위해 반복해서 베냐민을 돌려보내 달라고 요셉에게 간절히 탄원했고, 이 간절한 탄원은 마침내 요셉의 마음이 깨어지게 했고, 요셉의 마음을 열었습니다. 요셉은 더 이상 참을 수가 없었습니다. 시종하는 자들 앞에서 그 정을 억제하지 못하고, 소리 질러 모든 애굽인 시종을 자기에게서 물러가라고 명령했습니다(창세기 45:1). 그런 다음 참고 참았던 감정이 마침내 폭발하였습니다. "요셉이 방성대곡하니 애굽 사람에게 들리며 바로의 궁중에 들리더라"(2절). 요셉의 울음소리가 어찌나 크던지 밖으로 물러나 있던 애굽 사람들도 모두 그 소리를 들었습니다. 그리고 왕궁에 있는 신하들도 그 소리를 들었습니다.

요셉이 형들에게 말했습니다. "나는 요셉이라! 내 아버지께서 아직 살아 계시니이까?"(3절).

형들은 그 말을 듣고 아무런 대답도 할 수 없었습니다. "형들이 그 앞에서 놀라서 능히 대답하지 못하는지라"(3절). 충분히 이해가 가는 일입니다. 너무도 놀란 형들은 어리둥절하여 요셉 앞에서 그만 입이 얼어붙고 말았습니다. 너무나도 뜻밖이어서 그저 어안이 벙벙할 따름이었습니다. 이제 그들은 진짜 두려움 속에 빠졌습니다. 그들의 죄와 거짓말이 완전히 드러났습니다.

요셉은 그들을 가까이 오게 했습니다(4절). 그들은 그 말을 거역할 수 없는 명령으로 받았습니다. 쭈뼛쭈뼛하며 떨리는 무릎으로 가까이 나아갔습니다(4절).

요셉은 다시 직설적으로 말했습니다. "나는 당신들의 아우 요셉이니 당신들이 애굽에 판 자라"(4절).

이러한 폭로가 그리 충격적이지는 않았을지 모르지만, 이어서 요셉이 한 말에는 그들을 향한 보살핌과 관심이 흘러넘

게임이 끝나다

쳤습니다. 그의 말은 모두, 무엇보다도 우선 하나님의 절대주권적 섭리와 구원에 초점이 맞춰져 있었습니다.

> 당신들이 나를 이곳에 팔았으므로 근심하지 마소서. 한탄하지 마소서. 하나님이 생명을 구원하시려고 나를 당신들 앞서 보내셨나이다. 이 땅에 이 년 동안 흉년이 들었으나 아직 오 년은 기경도 못하고 추수도 못할지라. 하나님이 큰 구원으로 당신들의 생명을 보존하고 당신들의 후손을 세상에 두시려고 나를 당신들 앞서 보내셨나니, 그런즉 나를 이리로 보낸 자는 당신들이 아니요 하나님이시라. 하나님이 나로 바로의 아비를 삼으시며 그 온 집의 주를 삼으시며 애굽 온 땅의 치리자를 삼으셨나이다.
> (창세기 45:5-8)

요셉의 눈앞에는 시기와 증오로 차 있고 속이기를 잘하는 형들이 있습니다. 그에게 오랜 세월 동안 온갖 시련을 겪게 한 사람들이었습니다. 그들 때문에 사랑하는 아버지와 가족들과 생이별을 하고, 노예 생활을 했고, 감옥 생활을 했습니다. 모든 것을 박탈당한 고통의 세월이었습니다. 그러나 그 모든 것 속에서 요셉은 하나님과 하나님의 목적을 인식했습니다.

요셉은 형들에게 자신을 밝히면서 "당신들이 애굽에 판 자"(4절)라고 했습니다. 형들이 자기에게 저지른 범죄를 분명하게 짚어 말했습니다. 그러나 요셉은 재빨리 덧붙였습니다. "당신들이 나를 이곳에 팔았으므로 근심하지 마소서. 한탄하지 마소서. 하나님이 생명을 구원하시려고 나를 당신들 앞서 보내셨나이다.… 그런즉 나를 이리로 보낸 자는 당신들이 아니요 하나님이시라." 나를 이리로 보낸 분은 당신들이 아니요, 하나님이십니다!

여러 해 전 바로의 꿈에서 재빨리 하나님께서 인도하시는 손길을 알아차렸듯이, 이제 그는 자기 가족 안에서 일어났던 모든 사건 속에서 역사하시는 동일하신 하나님의 손길을 보았습니다.

이것이 **요셉의 길**입니다. 즉 '불의와 고난 가운데서도 참고 견디라. 그리고 그 모든 것 속에서 하나님을 보라'는 것입니다.

하나님을 신뢰하기란 쉽지 않다

우리는 어렵고 힘든 환경들을 불러일으킨 원인이 비인격적인 요소, 이를 테면 자연 재해나 질병 등과 같은 것일 때는 하나님을 신뢰하기가 더 쉽습니다. 그러나 우리에게 고난을 가져온 직접적인 원인이 사람들, 이를 테면 적의와 악의를 가지고 행동하는 사람들 때문일 때는 그것은 전혀 다른 문제입니다.

신앙생활을 하는 많은 이에게 매우 어려운 일 하나가 사랑의 하나님의 절대주권을 신뢰하는 것입니다. 우리는 다음 말씀들을 온전히 받아들이기가 어려움을 자주 경험합니다.

> 여호와께서 무릇 기뻐하시는 일을
> 천지와 바다와 모든 깊은 데서 다 행하셨도다.
> (시편 135:6)

> 나는 여호와라. 다른 이가 없느니라.
> 나는 빛도 짓고 어두움도 창조하며,
> 나는 평안도 짓고 환난도 창조하나니,
> 나는 여호와라. 이 모든 일을 행하는 자니라.
> (이사야 45:6-7)

우리는 하나님의 절대주권에 대하여 얼마든지 토론할 수도 있습니다. 그러나 자신의 삶 속에서 이런 이슈들과 씨름하는 사람만이 하나님의 절대주권이 갖는 참된 의미와 거기서 나오는 위로를 온전히 붙들 수 있습니다. 그런 다음에야 시편 기자의 고백에 동일시할 수 있게 됩니다.

하나님이여, 주께서 우리를 시험하시되,
우리를 단련하시기를 은을 단련함같이 하셨으며,
우리를 끌어 그물에 들게 하시며,
어려운 짐을 우리 허리에 두셨으며,
사람들로 우리 머리 위로 타고 가게 하셨나이다.
우리가 불과 물을 통행하였더니,
주께서 우리를 끌어내사 풍부한 곳에
들이셨나이다. (시편 66:10-12)

우리가 이 진리를 믿고 이해하고 있을 때조차도, 이 말씀의 진리대로 산다는 것은 좀처럼 쉬운 게 아닙니다.

우리 부부는 이 면에서 아주 강도 높은 시험을 받은 적이 있습니다. 하나뿐인 아들 스티븐이 어느 날 일하다가 아무 영문도 모르는 채 괴한의 총격에 잔인하게 살해당했습니다. 우리는 친구들에게 그때 겪은 감정과 생각을 다음과 같이 표현했습니다.

이 엄연한 현실 앞에서 우리는 궁극적인 질문을 마주하게 되었습니다. "이 일이 일어날 때 하나님께서는 어디에 계셨는가? 우리가 그토록 자주 기도해 왔는데 그를 보호하고 계시지 않으셨단 말인가?" 이 끔찍한 상황 속에서 우리가 정말 하나님을 믿고 있는지 우리의 믿음은 진정한 시험을 받게 되었습니다. 하나님께서는 "내 은혜가 네게 족하도다"라고 하셨는데, 과연 족하신가요? 아무것도 변하지 않았습니다. 하지만 모든 게 변하였습니다. 아무것도 변하지 않은 까닭은 하나님은 변치 않으시기 때문입니다. 하나님은 어제나 오늘이나 영원토록 동일하십니다. 그러나 모든 것이 변한 까닭은 우리 삶의 큰 부분이 떨어져 나갔기 때문입니다. 인간 세계의 영역에서 모든 것이 변한 까닭은 우리 마음과 삶 속에 빈 곳이 생겼기 때문입니다. 삶은 일상으로 돌아가게 되겠지요. 하지만 아무것도 다시는 정상으로 돌아가지 못할 것입니다. 우리는 믿습니다. 하나님께서 하나님의 때에 공의를 이루실 것을 믿습니다. 하나님께서는 이 끔찍한 사건으로부터 선을 이루실 것입니다. 많은 이에게 자신의 삶과 우선순위, 그리고 궁극적으로 하나님과의 관계를 다시 생각해 보게 하실 것입니다.

살인자는 검거되어 범죄를 자백했고, 유죄가 선고되어, 56년 형을 선고받고 현재 복역 중입니다. 우리는 자주 그의 구원을 위해 기도합니다.

요셉의 길은 단순하지도 쉽지도 않습니다. 그러나 그것은 하나님의 길입니다.

어떻게 시험을 받는가

요셉과 그의 형제들은 서로 다른 시야를 가지고 있었습니다. 요셉의 시야는 역경과 불의를 통해 시험을 받고 검증된 것으로, 요셉은 그것을 하나님께 선물로 받았습니다. 그는 하나님의 시야를 볼 줄 알았습니다. 그리고 하나님의 은혜의 도구로서 매사를 결정하고 책임을 수행할 줄 알았습니다.

형제들은 그들이 저지른 행위의 결과를 통해 시험을 받았고, 그 시험에서 떨어졌습니다. 그러나 은혜와 자비 가운데서 하나님께서는 여전히 역사하고 계셨습니다. 하나님께서는 그들의 눈을 열어 주셔서 더 좋은 것으로 채워 주셨습니다.

요셉 이야기에서 이 부분에는 여러 가지 시험 방법이 나옵니다. 우리 또한 삶 속에서 그런 식으로 시험을 받습니다.

자백은 회복과 치유 과정을 시작하는 데 필수입니다. 우리는 자신이 행한 것을 하나님께 분명하게 인정해야 합니다. 우리를 불행한 환경으로 이끈 자신의 행위들을 말입니다.

우리의 진실함이 자주 시험을 받습니다. 우리는 하나님, 자기 자신, 다른 사람들에게 진실해야 합니다. 아무것도 감춰져 있을 수 없습니다.

우리는 또한 하나님께서 우리 삶 속에서 행하고 계시는 일에 대한 단서를 인식할 줄 알아야 합니다. 하나님은 우리에게서 숨어 계시지도, 출구를 감추고 계시지도 않습니다. 우리는 하나님의 역사하심을 인지하고, 보고, 이해해야 합니다. 이를 통해 하나님께서는 우리를 하나님께로 더 가까이 이끄십니다.

우리는 또한 위험을 깨달을 줄 알아야 합니다. 하나님 및 다른 사람들과 화해하지 않은 채로 있는 것은 위험합니다.

이생에서든 아니면 다음에 올 심판의 날에서든, 우리는 그 행동의 결과를 마주하게 됩니다. "그가 어두움에 감추인 것들을 드러내고 마음의 뜻을 나타내시리니"(고린도전서 4:5). 주님께서 어둠 속에 감추어진 것들을 밝히 나타내시며, 사람들의 마음속에 있는 생각까지 드러내실 것입니다. 궁극적인 최후 심판이 약속되어 있습니다. "이는 우리가 다 반드시 그리스도의 심판대 앞에 드러나 각각 선악 간에 그 몸으로 행한 것을 따라 받으려 함이라"(고린도후서 5:10). 우리는 모두 그리스도의 심판대 앞에 서게 됩니다. 선한 일이든 악한 일이든 각 사람은 몸을 입고 사는 동안 자기가 행한 행위대로 거기에 합당한 보응을 받게 됩니다. 아무도 그 어떤 것도 교묘히 모면하지 못합니다. 이는 그냥 해 보는 공연한 위협이 아닙니다.

특히 중요한 의미가 있는 것은 깨어짐에 대한 시험입니다. 우리가 하나님 앞에서 진실로 깨어질 때까지는, **요셉의 길**을 걸을 수 없습니다.

묵상 및 적용

1. 요셉이 형제들과 벌이고 있는 '게임'에 대하여 어떻게 생각합니까? 그가 그러한 방식으로 대응하게 된 동기는 무엇입니까?

2. 과거에 하나님께서는 당신을 어떤 식으로 시험하셨습니까? 지금은 어떤 식으로 당신을 시험하고 계십니까?

3. 당신은 과거 자신이 지혜롭게 행동하지 못하여 생긴 결과와 더불어 어떻게 살아야 했습니까? 그중에 몇 가지를 들면 무엇입니까?

4. 언제 어떻게 요셉은 하나님의 절대주권을 인정했습니까? 이와 연관하여 그가 씨름한 것은 무엇입니까?

제 14 장

깨어짐과 재회

애굽으로 내려가기를 두려워 말라.
창세기 46:3

제 14 장

깨어짐과 재회

인자와 관용을 베풀라

요셉 이야기의 이 시점에서, 다음과 같은 결론을 내리고 싶은 유혹을 받을 수도 있습니다. "그 후 그들은 오래오래 행복하게 살았답니다." 하지만 그런 결말은 동화에나 나오는 것입니다. 요셉의 이야기는 실제 이야기입니다. 거기에는 허구가 아닌 진짜 사람들이 등장하고 진짜 삶의 결과들이 있습니다.

이 시점은 요셉의 삶뿐 아니라 이스라엘 백성의 삶에서도 갈림길입니다. 그들은 지금 당장은 살인적인 기근에서 구조되었습니다. 그러나 그들의 후손이 가나안으로 다시 돌아가기 전에 400년간의 기나긴 종살이가 오리라는 것은 미처 몰랐습니다.

우리네 삶에서도 이런 갈림길을 많이 만납니다. 이미 어렵고 힘든 시기를 여러 번 거쳤고, 이제 더 나은 미래로 가는 과정에 있을지도 모릅니다. 그러나 그 길을 따라 인생을 살아오면서, 쓰라린 맛과 깨어짐을 경험했을 것입니다. 그것은 우리가 하는 모든 것에 긍정적 영향을 미치기도 하고 부정적 영향을 미치기도 합니다.

요셉은 이제 가족들에게 희망과 새로운 삶을 제공할 준비를 갖추게 됩니다. 그 이야기를 따라가면서, 먼저 잠시 멈추어 깨어짐이 일어난 곳을 알아보도록 합시다. 요셉의 삶과 아버지와 형제들의 삶 속에서 그들이 깨어짐을 경험한 곳은 어디일까요?

진정한 깨어짐

요셉의 깨어짐은 자발적인 것이었습니다. 하지만 한 번에 이루어진 것이 아니라 인생 여정을 거치는 여러 과정에서 겪은 것이었습니다. 어린 시절 귀염둥이로 아버지의 총애를 독차지하고 살다가, 청소년기에는 형들 눈에 좀 거만하게 보여 미움을 받았습니다. 그러다가 갑자기 형들에게 배반을 당하고, 노예로 팔려 가 노예 생활을 하게 되고, 그러는 중에도 나름대로 성공하는가 싶더니 부당하게 감옥에 갇히게 되고, 우여곡절 끝에 마침내 최고 권력자의 자리에까지 올라가는 경험을 했습니다.

반면 형들의 깨어짐은 자발적으로 이루어진 게 아니었습니다. 어쩔 수 없이 그들이 저지른 죄가 폭로되고 그 죄를 자백하지 않을 수 없게 되어 일어났습니다. 어쩌면 그들은 전에 하나님 앞에서 깨어짐을 경험한 적이 없었을지도 모릅니다.

깨어짐이란 외부의 힘에 의해 강제로 부러지고, 부서지고, 조각나고, 무너지고, 꺾이고, 상하고, 낮아지는 것을 의미합니다.

다윗왕은 밧세바를 취하는 죄를 범한 후에 깨어짐을 배웠습니다. 그의 기도에 이것이 잘 나타나 있습니다.

> 주는 제사를 즐겨 아니하시나니,
> 그렇지 않으면 내가 드렸을 것이라.
> 주는 번제를 기뻐 아니하시나이다.
> 하나님의 구하시는 제사는 상한 심령이라.
> 하나님이여, 상하고 통회하는 마음을
> 주께서 멸시치 아니하시리이다.
> (시편 51:16-17)

하나님께서는 진정한 깨어짐을 원하십니다. 우리가 죄에 빠졌을 때 단지 형식화된 의식으로서의 자백을 원하시지 않습니다. 이것이 바울이 한 다음 말에 반영되어 있습니다.

> 내가 지금 기뻐함은 너희로 근심하게 한 까닭이 아니요 도리어 너희가 근심함으로 회개함에 이른 까닭이라. 너희가 하나님의 뜻대로 근심하게 된 것은 우리에게서 아무 해도 받지 않게 하려 함이라. 하나님의 뜻대로 하는 근심은 후회할 것이 없는 구원에 이르게 하는 회개를 이루는 것이요, 세상 근심은 사망을 이루는 것이니라. (고린도후서 7:9-10)

설령 아무리 가슴이 찢어지는 고통을 느끼며 비통해한다고 해도, 진정으로 하나님 앞에서 깨어지는 것과는 깊고도 큰 차이가 있습니다. 우리는 죄(이를 테면, 속임, 분노, 기타 여러 가지 실패)에 빠졌을 때, 깊이 괴로워하며 마음 아파할 수 있습니다. 하지만 진정으로 깊이 회개하는 것은 아닐 수도 있습니다. 우리는 공개적으로 굴욕을 당할 수도 있습니다. 그러나 여전히 마음에서는 교만할 수도 있습니다. 우리 죄가 드러났을 때 양심에 가책을 받고 후회하는 것만으로는 하나님 앞에서 깨어지는 것과는 같지 않습니다.

진정한 깨어짐은 하나의 희생입니다. 거기에는 포기가 들어 있습니다. 그것은 자기 권리를 내어놓는 굴복을 의미합니다. 불의를 맞닥뜨릴 때조차도 쓴 마음을 품고 화를 낼 권리를 내려놓는 것입니다. 이것이 **요셉의 길**입니다.

이 진정한 깨어짐은 어떻게 일어납니까? 시편 51편에서 몇 가지 통찰력을 얻을 수 있습니다.

- 주님 앞에 진실하십시오. "중심에 진실함을 주께서 원하시오니"(6절). 진실함이란 하나님 앞에서 전적으로 정직한 것입니다. 거기에는 변명이 없습니다. 핑계 대거나 발뺌하거나 어물쩍 넘어가는 것이 없습니다.
- 하나님의 지혜를 배우십시오. "내 속에 지혜를 알게 하시리이다"(6절). 마음 깊은 곳에 지혜를 가르쳐 달라고 기도하십시오. 지혜는 하나님의 관점에서 우리 자신을 아는 것입니다.
- 정결케 함과 씻김을 받으십시오. "우슬초로 나를 정결케 하소서. 내가 정하리이다. 나를 씻기소서. 내가 눈보다 희리이다"(7절). 우슬초는 신성한 장소를 정결케 하는 데 사용되었고, 오늘날에도 여전히 정결케 하는 도구로 알려져 있습니다. 깨어짐에는 죄에서 정결케 됨이 들어 있습니다. 정결케 됨은 오직 하나님에 의해서만 완성됩니다. 정결케 하는 것은 바로 하나님의 용서입니다.
- 이 과정의 결과 기쁨과 즐거움을 회복하고 온전케 됩니다. "나로 즐겁고 기쁜 소리를 듣게 하사 주께서 꺾으신 뼈로 즐거워하게 하소서"(8절). 큰 평안을 경험합니다. 하나님께서 우리를 깨뜨리시고 우리 삶을 다시 세우시도록 해 드릴 때 이것을 경험합니다.

하나님께서 원하시는 깨어짐

깨어진 물건을 통해 배운 첫 번째 교훈 하나가 기억납니다. 열한 살 때 일입니다. 나는 어머니에게 화가 났습니다. 내 방식대로 할 수 없어서였습니다. 그래서 내가 좋아하는 인형을 하나 집어 벽을 향해 힘껏 던졌습니다. 산산이 깨졌습니다. 다시 고칠 수가 없을 정도였습니다. 자주 부르던 동요에 나오는 주인공 '험프티 덤프티'가 이해가 되었습니다. 험프티 덤프티는 담벼락에서 떨어져 깨져 버린 달걀을 의인화한 것입니다. 높은 데서 떨어져 회복할 수 없게 깨어져 버렸습니다. 아이나 어른이나 우리는 모두 삶 속에서 그 동요에 담긴 진리를 경험합니다. 성적 부도덕, 알코올 중독, 폭식과 탐식, 쓴 뿌리, 분노 등의 부정적 결과를 맛봅니다. 깨어져 버린 삶을 온전히 수선하고 고쳐서 원래대로 되돌릴 수 없다는 것을 알면서도 그런 일을 행합니다.

그러나 그것은 하나님께서 우리 삶 속에서 원하시는 깨어짐이 아닙니다.

앨런 넬슨은 저서인 '깨어짐'에 관한 책에서 이렇게 말합니다.

> 깨어짐은 이기적 야망을 비우는 것입니다. 그리하여 기꺼이 하나님의 영으로 충만해질 수 있도록 하는 것입니다.

깨어짐은, 자발적인 것이든 자발적인 것이 아니든, 우리가 꽉 붙잡고 있는, 삶의 어떤 영역을 놓는 것입니다.

깨어짐에서 우리가 경험하는 많은 부분이 비자발적 환경에서 일어납니다. 이를 테면, 질병, 실패, 가정 문제, 부부간의 갈등, 가까운 이들의 죽음, 자연 재해, 사고, 죄의 영향(자신과 다른 이들의 죄) 등.

우리가 진정한 깨어짐으로 하나님께 응답할 때, 다윗이 기도하는 것을 경험합니다.

> 하나님이여, 내 속에 정한 마음을 창조하시고
> 내 안에 정직한 영을 새롭게 하소서.
> 나를 주 앞에서 쫓아내지 마시며
> 주의 성신을 내게서 거두지 마소서.
> 주의 구원의 즐거움을 내게 회복시키시고,
> 자원하는 심령을 주사 나를 붙드소서.
> (시편 51:10-12)

우리는 다음을 경험합니다.

- 정한 마음 – 순수한 동기, 깨끗한 양심.
- 정직한 영 – 선한 동기와 태도, 견고함.

- 즐거움의 회복 – 슬픔이나 후회나 침체 대신 즐거움.
- 자원하는 심령 – 하나님을 순종하고 따르려는 마음.

경건한 깨어짐을 통해 다음을 계발하게 됩니다.

- 겸손 – 교만이 깨어짐.
- 공감 – 자기중심적 태도가 깨어짐.
- 굴복 – 자신이 삶의 통제권을 쥐려는 태도가 깨어짐. (이 통제라는 요소는 깨어짐을 이해하는 데 중요함. 우리는 자주, 자신이 통제권을 가지고 있다고 생각하는 영역에서 깨어짐을 경험함.)
- 믿음과 내려놓음 – 선택의 결과를 알지 못함으로 사로잡혀 있던 감정이 깨어짐.

이 깨어짐이라는 과제가 너무 어렵다는 생각이 들 수도 있습니다. 그러나 이는 진짜 어려움을 겪어 보지 못해서 그런 것입니다. 때로 우리 마음속에는 하나님께서 우리 삶 속에서 행하려고 하시는 일에 저항하는 태도가 있습니다. 하나님께서는 이를 깨뜨리기 위해 여러 가지로 역사하시는데, 그제야 우리는 진짜 어려움이 무엇인지를 경험하게 됩니다.

깨어짐을 거부할 때

만약 하나님 앞에서 깨어짐을 거부한다면, 많은 부정적 결과를 맛보게 됩니다. 요셉의 형제들이 어렵고 힘들게 배운 것과 같습니다. 그들의 삶은 그들이 지은 죄와, 또한 깨어짐을 거부할 때 겪게 되는 결과를 잘 보여 줍니다.

- 오랜 세월 동안 아버지를 속임. 날마다 양심을 손상시키며 거짓 삶을 삶.
- 가족 내에서 모든 기쁨을 잃어버림. 아버지가 슬퍼하시는 것과 여전히 베냐민을 편애하시는 것을 봄.
- 서로 끊임없는 갈등 가운데 있었음.
- 애굽에서 어려움을 만났을 때, 하나님께서 그들을 벌하고 계신다고 여김.
- 베냐민을 데리고 애굽으로 돌아가야 한다는 압박을 받으면서도, 여전히 요셉과 연관된 그들의 추악한 비밀을 감춤. 다시 아버지의 안녕을 위태롭게 함.

이와 대조적으로, 요셉의 깨어짐은 역경에 반응하는 방식에서 분명히 나타났습니다. 하나님의 절대주권에 굴복하였고, 유일하신 참하나님을 알뿐더러 하나님을 담대히 드러냈습니다. 이것은 그가 자원하여 자신의 현실을 받아들였다는 것을 보여 줍니다. 이것은 자신의 삶에서 그 모든 것에 대한 '이유'를 이해하지 못할 때에도 그랬습니다. 그리고 최고 권력을 가진 애굽의 총리가 된 후에도 그의 깨어짐이 보였습니다. 그는 가족을 위해 울었습니다.

구조와 재회를 위한 계획

요셉이 마침내 형제들에게 자신을 나타낸 그 순간으로 돌아가서, 형제들이 얼마나 두려워했는가를 떠올려 보십시오. 그들 눈앞에 있는 사람의 신원을 명확하게 알게 되는 순간 그들이 받은 충격이 얼마나 컸겠습니까? 그들이 마주하고 있던 사람은 단순히 최강국 애굽의, 예측 불가하고 막강한 권세를 가진 총리가 아니었습니다. 그 사람은 자신들이 큰 죄를 저질렀던 형제 요셉이었습니다. 그들은 그를 배반하여 팔았고, 그에 대하여 그의 사랑하는 아버지에게 거짓말을 했습니다. 이제 그들의 죄가 완전히 탄로 났습니다.

그들의 형제 요셉에게는 막강한 권세가 있었습니다. 그가 보복하지나 않을까? 한다면? 도무지 그 마음을 알 수 없었습니다. 아는 것은 오직 하나였습니다. 자신들이 속였다는 사실입니다. 그리고 "하나님이 나를 이리로 보내셨다"는 요셉의 말은 분명 그들의 이해를 완전히 뛰어넘었습니다.

요셉이 그 다음에 한 말은 지도자로서 그 권세를 다시 보여 줍니다. 자기 가족이 놓인 곤경을 생각하면서 그들의 미래를 위한 효과적인 계획을 구체적으로 이야기했습니다. 형제들은 이 메시지를 가지고 아버지 야곱에게 가게 되었습니다.

> 당신들은 속히 아버지께로 올라가서 고하기를, "아버지의 아들 요셉의 말에 '하나님이 나를 애굽 전국의 주로 세우셨으니 내게로 지체 말고 내려오사 아버지의 아들들과 아버지의 손자들과 아버지의 양과 소와 모든 소유가 고센 땅에 있어서 나와 가깝게 하소서. 흉년이 아직 다섯 해가 있으니, 내가 거기서 아버지를 봉양하리이다. 아버지와 아버지의 가속과 아버지의 모든 소속이 결핍할까 하나이다' 하더라" 하소서. (창세기 45:9-11)

그러고는 덧붙였습니다. "당신들의 눈과 내 아우 베냐민의 눈이 보는 바 당신들에게 이 말을 하는 것은 내 입이라. 당신들은 나의 애굽에서의 영화와 당신들의 본 모든 것을 다 내 아버지께 고하고 속히 모시고 내려오소서"(12-13절).

그런 다음 요셉의 너그러운 행동이 뒤따랐습니다. "자기 아우 베냐민의 목을 안고 우니 베냐민도 요셉의 목을 안고 우니라. 요셉이 또 형들과 입 맞추며 안고 우니 형들이 그제야 요셉과 말하니라"(14-15절). 요셉은 베냐민을 안고 울 뿐 아니라, 모든 형들과도 입 맞추며 울었습니다.

요셉 형제들이 왔다는 소문이 바로의 궁에 전해지자 바로와 신하들이 다 기뻐하였습니다. 바로는 요셉을 아주 높고 존귀하게 여겼기 때문에, 그 소식을 듣고 이렇게 말했습니다. "네 형들에게 명하기를, '너희는 이렇게 하여 너희 양식을 싣고 가서 가나안 땅에 이르거든 너희 아비와 너희 가속을 이끌고 내게로 오라. 내가 너희에게 애굽 땅 아름다운 것을 주리니 너희가 나라의 기름진 것을 먹으리라.… 온 애굽 땅의 좋은 것이 너희 것임이니라' 하라"(17-18,20절).

그래서 요셉은 형제들을 집으로 돌려보내 아버지를 모셔 오게 했습니다. 그들을 보내면서 수레, 양식, 새 옷, 돈도 주고, 수나귀 열 필에 애굽의 가장 아름다운 물품을 실리고, 그리고 오는 길에서 아버지에게 드릴 곡식과 떡과 양식도 실려 보냈습니다. 형들을 잘 알기 때문에 또한 이렇게 당부했습니다. "당신들은 노중에 다투지 말라!"(24절).

그들이 가나안에 도착하여 아버지에게 요셉에 대하여 자초지종을 말하기 시작했습니다. 그때 야곱이 보인 반응이 이렇게 기록되어 있습니다. "야곱이 그들을 믿지 아니하므로 기색하더니"(26절). 야곱은 깜짝 놀라며 그들이 하는 말을 믿지 않았습니다. 그저 어리둥절하여 그 말을 곧이들을 수가 없었습니다. 야곱은 심장이 멎는 듯했습니다. 아들들이 요셉이 말한 모든 것을 자세하게 설명하고 나서, 요셉이 자기를 태우려고 보낸 수레를 보고 난 후에야 확실히 믿고 기운을 차렸습니다(27절).

이 시점에서, 형제들은 요셉을 배반한 행위와 아버지에게 한 거짓말을 야곱에게 자백했을까요? 창세기 기록을 보면, 그렇게 했다는 얘기가 없습니다. 그들은 아마도 그 속임수를 계속 이어 갔을 것입니다. 오래 전 그들은 아버지에게 찢어지고 피 묻은 요셉의 옷을 보여 드렸었는데, 아무튼 요셉이 그날 다행히 죽음을 피하게 된 모양이라고 아버지에게 둘러댔을지도 모릅니다. 야곱은 나중에 가서야 애굽에서 요셉 자신으로부터 직접 듣고 진실을 알게 되었을 수도 있습니다.

그러는 사이에 야곱은 하나님으로부터 한 말씀을 받았습니다. 애굽을 향하여 가다가 브엘세바에 이르러 잠시 멈추어 아버지 이삭의 하나님께 희생 제사를 드렸습니다. 거기서 하나님께서 밤에 이상 중에 야곱에게 나타나셔서 야곱의 이름을 부르시며 말씀하셨습니다.

> 밤에 하나님이 이상 중에 이스라엘에게 나타나시고 불러 가라사대 "야곱아! 야곱아!" 하시는지라, 야곱이 가로되 "내가 여기 있나이다" 하매, 하나님이 가라사대 "나는 하나님이라. 네 아비의 하나님이니, 애굽으로 내려가기를 두려워 말라. 내가 거기

서 너로 큰 민족을 이루게 하리라. 내가 너와 함께
애굽으로 내려가겠고 정녕 너를 인도하여 다시 올
라올 것이며 요셉이 그 손으로 네 눈을 감기리라"
하셨더라. (창세기 46:2-4)

하나님과의 이 만남을 통하여, 야곱은 현재를 위하여, 그의 생의 마지막을 위하여, 그리고 그의 자손들을 위하여 하시는 하나님의 약속을 받았습니다.
야곱과 요셉의 형제들과 그 가족들이 애굽에 도착함으로써 가족을 구조하는 일이 완성되었습니다. 재회는 모든 이의 마음을 움직였고, 모두 감격의 눈물을 흘렸습니다. 요셉은 마차를 준비하도록 하여 고센으로 올라가 아버지 이스라엘을 만났고, 너무나 반가워 아버지를 껴안고 한동안 흐느껴 울었습니다(29절).

뒤돌아보기

우리는 지난날을 뒤돌아볼 때에야 비로소 하나님께서 우리 삶을 인도하신 방법과 그 이유를 볼 수 있습니다.
지난날을 뒤돌아보는 시간을 가져 보기 바랍니다. 자신의 삶 속에서 핵심이 되는 사건들을 적어 보십시오. 좋은 것이든 나쁜 것이든 둘 다 적어 보십시오. 그런 다음, 하나님께서 어떻게 당신을 인도하셨는지 돌이켜 생각해 보십시오. 이를 통해 하나님께 감사하게 됩니다. 또 때로는 이해할 수 없었던 지나온 인생길을 이해할 수 있는 실마리를 얻게 됩니다. 신명기 8장을 참조하기 바랍니다.

요셉이 자신의 삶을 뒤돌아보면서 핵심 사건을 적어 보았다면, 아마 다음과 같을 것입니다.

- 새 옷이 생김. 아버지의 총애를 받음. 형들의 시기.
- 꿈을 두 개 꿈. 이제는 그 꿈의 의미를 알고 있음.
- 형들이 나를 팔아 버림. 내 삶 전체를 송두리째 바꾸어 놓음.
- 보디발에게 팔림. 애굽에서 낯설고 힘든 삶이 시작됨.
- 거짓 고소를 당하여 감옥에 갇힘. 계속 선을 행하기로 결심함.
- 두 관원의 꿈을 해석해 줌. 다시 하나님의 음성을 들음.
- 바로의 꿈. 분명히 하나님께서 역사하고 계심. 왜?
- 애굽의 총리가 됨.
- 형제들을 다시 만남. 하나님의 목적이 명확해지고 있음.

나의 삶을 돌아보면서, 생각나는 대로 적어 보았습니다.

- 갓난아기 때 부모님 이혼.
- 어머니와 할아버지에게 양육을 받음. 인구 100명인 작은 시골 마을에서 성장.
- 어머니의 재혼 후 워싱턴주에 있는 한 도시로 이사.
- 7학년 때 내내 학교에 다닐 수 없게 됨.
- 열세 살 때 생부를 만남.
- 고등학교에서 갑자기 착한 학생이 됨.
- 역사 선생님이신 루이스 리빙스턴 선생님에게 영향을 받음. 최근 107세에 돌아가심.
- 월트 넬슨을 만남. 오늘날까지 내 인생에 영향을 끼침. 내가 그리스도를 구주로 영접하도록 도와줌.
- 워싱턴 대학교 1학년 때 네비게이토와 함께하게 됨.
- 사업가인 밥 쉐플러에게 영적 도움을 받음. 이후 내 인생에 경건한 영향을 줌.
- 메리를 만나 결혼.
- 공군 입대. 조종사 훈련 시험 최종 단계에서 떨어짐.
- 케이프커내버럴로 배치되어, 미국의 새로운 우주 계획에 비행 통제관으로 참여.
- 공군사관학교 교수로 선발됨.
- 네비게이토 선교회 회장으로 섬기게 됨.
- 공군 예비역 준장으로 진급.
- 아들 스티븐의 죽음.

이 목록은 일부분에 불과합니다. 각각과 연관하여 기쁨도 있고 아픔도 있고 이해의 부족도 있고, 심지어 걱정 근심과 나의 믿음에 대한 도전도 있습니다. 각 사건은 그 이면에 긴 이야기가 있습니다. 각각의 시점에서, 해야 할 선택이 있었고, 기르고 발전시켜야 할 태도가 있었습니다. 어떤 사건이 왜 일어나고 있는지 확실히 모를 때도 있었습니다. 대응도 달랐습니다. 때로는 선택을 잘했고, 때로는 선택을 잘못했습니다.

당신이 기록한 각각의 사건과 더불어, 하나님께서 그것을 당신의 삶에서 어떻게 사용하셨는가를 적어 보십시오. 그 사건들 중 일부에 대해서는, 당신이 잘못한 선택들을 기록할 수도 있습니다. 하나님께서는 그것들까지도 오늘날 현재의 당신으로 만들기 위해 사용하셨습니다.

당신의 목록을 돌아보면서 하나의 패턴을 알아챘습니까? 바로 로마서 8:28 내용입니다. "우리가 알거니와 하나님을 사랑하는 자 곧 그 뜻대로 부르심을 입은 자들에게는 모든 것이 합력하여 선을 이루느니라." 우리에게 일어나는 모든 것은 우리의 유익을 위하여 역사하고 있다는 것을 우리는 알고 있습니다. 고통스럽고 어려운 시기 한가운데에 있을 때는 이 구절이 공허하게 들릴 수도 있습니다. 그러나 이 말씀은 우리를 계속 앞으로 나아가게 해 주는 근원이 됩니다.

요셉은 하나님이 자기의 유일한 소망이라는 것을 알고 있었습니다. 하나님은 또한 우리의 유일한 소망이십니다. 그러나 무엇이 한 사람으로 하여금 기꺼이 자원하여 그 소망을 따라 살게 만듭니까? 그것은 선택입니다. 믿음의 선택입니다. 그리고 이 믿음을 따라 행동하려는 선택입니다. 그것이 **요셉의 길**입니다.

깨어짐으로 이끄는 것

요셉은 깨어짐의 길을 걸었고, 그 결과 온전히 갖춰진 사람이 되어 나왔습니다. 그는 멸할 수 있는 권세를 가지고 있었을 때, 애굽인들과 자기 가족을 구조하고 보전하는 편을 선택했습니다. 보복과 징벌을 가할 수 있는 기회가 왔을 때 인자와 관용을 베풀기로 결정했습니다.

전형적으로 우리를 깨어짐으로 이끄는 환경을 몇 가지 생각해 봅시다.

도덕적 실패

시편 51편에 나오는 다윗이 바로 이 경우입니다. 도덕적 실패는 결코 잘했다고 하거나 변명할 수 있는 게 아닙니다. 그러나 용서할 수는 있습니다. 그리고 그것은 삶의 끝이 아니라, 새로운 의의 길의 시작입니다. 예수님께서는 간음하다

잡힌 여자에게 이렇게 말씀하셨습니다. "가서 다시는 죄를 범치 말라"(요한복음 8:11). 우리는 과거를 물릴 수는 없습니다. 그러나 하나님께서 본래 의도하신 삶을 회복할 수는 있습니다. 하나님 앞에서 진정한 깨어짐을 경험하는 사람은 누구나 회복이 가능합니다.

신체적 질병

아무도 병을 피할 수 없습니다. 인간이기 때문입니다. 그리고 병으로 인한 깨어짐 가운데 있을 때, 건강할 때보다 자신이 누구인지를 더 잘 알게 됩니다.

이 글을 쓰고 있는 지금, 한 친구는 급성 백혈병과 싸우고 있습니다. 악성이어서 궁극적으로는 치료할 수 없는 상황입니다. 처음 발견되었을 때, 바로 치료하지 않으면 살날이 8일 정도밖에 안 된다고 했습니다. 그는 몇 주간 치료를 받았고, 차도를 보여 일단 퇴원하여 집으로 갔습니다. 하지만 완전한 치료까지는 아직도 가야 할 길이 멉니다. 그는 여전히 병과 싸우고 있습니다.

내가 만일 그러한 시련을 당한다면, 그의 반만큼이라도 따라갔으면 좋겠습니다. 그의 관심은 오직 하나입니다. 가족과 돌보는 사람들과 주위 사람들이 자기의 투병 과정 속에서 예수님을 보게 되는 것입니다. 한번은 자기 아들에게 이렇게 말했습니다. "애야, 위기가 닥쳤을 때 사람이 어떻게 반응할지는 아무도 모른단다."

아들은 아버지의 병상 소식을 다음과 같이 전해 주었습니다.

화요일 새벽 4시 15분

어제저녁에 왔을 때, 아빠는 피곤해하시면서도 한 사람 한 사람에게 일일이 손수 크리스마스 쪽지를 쓰고 계셨다. 쉬고 나서 아침에 다시 쓰시면 된다고 말씀드렸더니, 지금이 아침이라고 하셨다. 새벽 12시 15분이니까.

아빠는 계속 안 주무시고 쪽지를 쓰시면서 이런 말씀을 하셨다. "사람들의 삶에 영향을 주어 그들을 그리스도께로 인도하는 데에는 많은 게 필요 없단다. 그들을 섬기는 데 자신을 투자하려는 의지만 있으면 돼."

몇 시간이 흘렀다. 나는 지금 아빠의 성경책을 이리저리 뒤적이고 있다. 아빠가 성경 여백과 빈 페이지에 적어 놓은 다양한 메모를 읽었다. '90년 12월 2일'이라고 적힌 페이지에 '내 인생의 목적(새로 업데이트)'라는 제목으로 이렇게 쓰여 있었다.

"내 인생의 목적은, 하나님께서 원하시는 사람이 되어 내 생명을 다른 사람들을 위해 주는 것이다. 이를 위해 위엣 것을 찾고, 땅엣 것을 찾지 않겠다." 데살로니가전서 2:8과 골로새서 3:1-2에서 인용한 것이었다.

가정의 어려움

'완전한 결혼 생활'은 신화입니까? 아무도 이상적인 결혼 생활을 하고 있지는 않습니다. 모두 결혼 생활에서 오르락내리락 이러저런 부침을 겪습니다. 여전히 죄 된 본성을 가지고 있어서 자주 가장 가까운 이들, 특히 배우자에게 상처를 줍니다. 이런저런 갈등들이 우리의 꿈을 부수어 산산조각 내어 버리기도 합니다. 모두들 과거의 삶을 치유하고 본래대로 삶을 회복하기를 간절히 소망하고 있습니다.

자녀들 또한 우리에게 기쁨을 주기도 하고 슬픔을 주기도 합니다. 때로는 심한 병치레로, 때로는 반항적 태도와 행동으로, 부모를 너무도 힘들게 합니다. 또한 이런저런 어려운 문제들을 겪으면서 때로 우리네 부모의 세계를 뒤집어엎어 놓습니다.

이 모든 것이 깨어지는 경험입니다. 많은 사람들이 이 고통스런 과정을 겪으면서 그리스도께 더 깊이 헌신하기도 합니다.

죄의 결과

"너희 죄가 정녕 너희를 찾아낼 줄 알라"(민수기 32:23). 이보다 확실한 것은 없습니다. 죄는 결국에는 다른 사람들에게 발각됩니다. 죄는 또한 우리 속에서 역사하여 우리에게 나쁜 영향을 미칩니다.

죄의 모습을 보면, 하나님의 명령에 대하여 드러나게 불순종하는 형태로 나타날 수도 있고, 아니면 내적 불순종, 이를 테면 교만, 원망, 탐심 등과 같은 모습을 띨 수도 있습니다.

삶에서 겪는 수치

우리는 살아가면서 으레 부끄러움과 수치를 느끼게 마련입니다. 그 근원은 다양합니다. 일이나 가정생활에서 겪는 실패, 탈진, 자신의 부정적 모습이 공개적으로 드러날 때 오는 체면 상실 등, 이런 모든 것은 정도의 차이는 있지만 우리로 부끄러움과 수치를 느끼게 합니다. 그런데 그것은 우리를 깨어짐으로 이끕니다. 그럴 때 우리 속에서는 치열한 싸움이 벌어져 감정적 에너지를 고갈시키며, 침체와 우울이 엄습하여 우리의 자신감을 갉아먹고 약화시키기도 합니다.

영적 싸움

마지막으로 세상, 육체, 마귀와의 계속되는 영적 싸움으로부터 오는 깨어짐이 있습니다. 이 싸움에서 제외된 사람은 아무도 없습니다. 사탄은 끊임없이 우리를 공격하여 쓰러뜨리려고 합니다. 우리는 매일 사탄과 영적 전쟁을 하고 있습니다.

이런 여러 환경이 각각 우리를 하나님 앞에서 깨어지는 기회로 이끌 수 있습니다. 그때에 우리는 여러 길 중에서 선택하게 되는데, 크게 세 가지를 들 수 있습니다.

- 반항하고 점점 쓴 뿌리를 품음.
- 끊임없이 몰려와 괴롭히는 압력에 서서히 굴복함.
- 진정한 깨어짐으로 하나님께 응답함.

요셉은 마지막 길을 선택한 사람입니다. 그는 우리가 본받아야 할 모델입니다.

묵상 및 적용

1. 당신의 삶에 일어난 특징적인 사건으로 어떤 것이 있습니까? 몇 가지만 적어 보십시오.

2. 단순한 깨어짐과 하나님 앞에서의 진정한 깨어짐 간의 차이는 무엇입니까?

3. 시련 속에서 요셉이 보인 반응은 열 명의 형들이 자신들의 시련 속에서 보인 것과는 어떻게 다릅니까?

4. 자신의 삶과 관련하여, **요셉의 길**의 핵심 사건으로 어떤 것이 있습니까? 핵심 사건을 몇 가지만 간단히 적어 보십시오.

제 15 장

사람들의 생명을 구하다

요셉이 자기 아비 야곱을 인도하여
바로 앞에 서게 하니,
야곱이 바로에게 축복하매.
창세기 47:7

제 15 장

사람들의 생명을 구하다

마땅히 할 일을 하라

요셉 가족이 애굽으로 옮겨 왔을 때는, 요셉이 총리가 된 지도 벌써 9년째가 다 지나가고 있었습니다. 기근이 벌써 2년이나 계속되었습니다. 아직도 5년간의 힘든 흉년이 기다리고 있었습니다. "흉년이 아직 다섯 해가 있으니"(창세기 45:11). 요셉만이 그 다섯 해 흉년에 대하여 전적으로 확신하고 있었습니다. 일반 애굽인들은 항상 그 기근이 곧 끝날 것이라는 기대감을 가지고 있었습니다. 매년 그들은 희망을 가졌다가 다시 실망할 뿐이었습니다.

그러는 사이, 요셉의 형제들은 아직도 다소 충격 속에 빠져 있었습니다. 자신들의 앞날에 대하여 아는 게 별로 없었습니다. 요셉이 그들에게 애굽의 좋은 땅을 주겠다고 약속한 것은 사실입니다. 그러나 그들은 희망만 있었지 아무 보장이 없었습니다. 그들의 상황은 초기 미국 서부 개척자들의 상황과도 비슷합니다. 개척자들은 모든 것을 뒤에 남겨 두고 떠났습니다. 실을 수 있는 것만 짐마차에 싣고서 서쪽으로 서쪽으로 변경을 향하여 결연히 나아갔습니다.

신뢰가 쌓이다

요셉은 높은 자리에 있었지만 그 역시 여전히 권세 아래 있는 사람이었습니다. 가족을 데려왔다고 해서 마음대로 그들에게 땅을 줄 수는 없었습니다. 그는 형들 중 5명을 데리고 바로에게로 갔습니다. 바로가 그들에게 "너희 생업이 무엇이냐?" 하고 물었습니다. 그들은 요셉이 가르쳐 준 대로 대답했습니다. "종들은 목자이온데 우리와 선조가 다 그러하니이다"(창세기 47:3). 그들은 목자로서 목축을 업으로 삼고 있다고 했습니다. 어떤 이유에서인지 애굽인들은 목축을 가증히 여겼습니다(창세기 46:34). 따라서 바로는 그들을 따로 격리된 지역에 거주하게 하기를 좋게 여겼습니다.

바로는 요셉을 아주 귀히 여기고 존경하였기에 이렇게 말했습니다. "애굽 땅이 네 앞에 있으니 땅의 좋은 곳에 네 아비와 형들로 거하게 하되 고센 땅에 그들로 거하게 하고, 그들 중에 능한 자가 있는 줄을 알거든 그들로 나의 짐승을 주관하게 하라"(창세기 47:6). 아버지와 형들로 애굽의 좋은 땅에 거하게 하라고 하고 나서, 왕실 소유의 가축을 돌보는 일도 맡아 달라고 요청하기까지 했습니다. 이 모든 일이 일어난 것은, 요셉이 바로에게 충성되고 신실하고 유능한 '종'이었기 때문입니다. 9년 동안 바로와 함께 일하면서 바로의 신임을 얻게 되었고, 세월이 가면서 한층 더 신뢰가 쌓였습니다.

일반적으로, 신뢰가 쌓이고 관계가 든든히 세워지는 데는 시간이 걸립니다. 신뢰는 계속 반복하여 테스트를 받습니다. 그렇게 해서 상호 신뢰 관계가 견고하게 형성되면, 그 후에는 어떤 호의나 도움이 필요할 때, 그때 요구하는 것은 거의 형식상의 절차에 불과할 뿐입니다.

공군에 근무하면서 개인적으로 이런 일을 여러 번 경험했습니다. 한번은 나보다 상급자인 타 부서 장교에게 강한 질책을 받았습니다. 그는 화가 나 있었습니다. 그에게 공적으로 허락된 여러 혜택 중 몇 가지를 축소시키는 결정을 내가 했기 때문입니다. 나는 그에게 그러한 결정을 하게 된 배경을 자초지종 사실대로 말했습니다. 그리고 아울러 그의 예하 지휘관들 중 일부와 연관된 몇 가지 사실도 말해 주었습니다. 즐거운 대화가 아니었습니다. 이 일로 인해 그와 관계가 껄끄러워졌습니다.

그런데 얼마 후 그가 나의 새로운 지휘관으로 부임하게 되었습니다. 나는 그에게 내가 맡고 있는 여러 업무 현안에 대하여 보고를 드렸고, 그런 뒤 그만둘 각오가 되어 있었습니다. 그 후 예상과는 달리 그는 나의 직책을 그대로 유임시켰습니다. 정확한 이유는 모릅니다. 아마도 나의 전 지휘관에게 내가 직책을 제대로 수행하고 있는지 확인했을 가능성이 큽니다. 아니면 나를 지켜보면서 내가 진실하고 온전하게 직책을 수행하고 있다고 판단했는지도 모릅니다. 분명한 것은 우리 사이에 상호 신뢰 관계가 형성되어 있었다는 사실입니다. 이 모두가 하나님의 선하신 인도하심이었다고 믿습니다.

권위를 존중함

요셉은 또한 자기 아버지를 바로 앞으로 모시고 갔습니다. 그 만남에서 "야곱이 바로에게 축복했다"는 말이 두 번 나옵니다(7,10절). 일반적으로 보통, 높은 자가 낮은 자를 축복합니다. 그런데 여기서는 떠돌아다니는 유목민인 외국인 야곱이 강력한 대국의 왕에게 축복을 베풀었습니다. 야곱이 바로에게 했던 축복은 단순한 문안 인사가 아닙니다. 그리고 이것이 단지 의례적인 인사일 뿐이라고 생각지 않도록, 같은 단어가 나중에 야곱이 요셉의 아들인 에브라임과 므낫세를 축복할 때에도 사용됩니다(창세기 48:9,15).

이 만남의 의미를 어떻게 이해해야 할까요? 이보다 일찍 바로가 요셉에게 야곱과 그 가족을 구하고 그들을 애굽으로 데려오도록 최종 결정권을 주었다는 것을 기억하십시오. 이와 같이 세상 권세들이 하나님에 의해 사용됩니다. 하나님의 목적을 이루고, 하나님을 경외하는 신자들을 복주거나 징계하기 위해서입니다. 신약에서는 그리스도인들이 세속적 권세들에게 감사하고 그들에게 복종하도록 교훈합니다(디모데전서 2:1-2, 로마서 13:1). 그 목적은 "이는 우리가 모든 경건과 단정한 중에 고요하고 평안한 생활을 하려 함"(디모데전서 2:2)입니다. 바울은 그것을 더 직설적으로 표현합니다. "그는 하나님의 사자가 되어 네게 선을 이루는 자니라"(로마서 13:4). 세속의 정부 관리는 우리에게 선을 이루기 위해 일하는, 하나님의 일꾼이라고 했습니다.

신자로서 우리는 권세 잡은 자들을 위해 기도하고 그들을 축복하고 격려해야 합니다. **요셉의 길**의 하나는 권위에 대해 존중하는 태도를 갖는 것입니다. 이것은 요셉의 삶에서 끊임없이 나오는 주제였습니다. 보디발 밑에서, 전옥 밑에서, 그리고 마지막으로 바로 밑에서 섬길 때 그는 그들의 권위를 존중하였습니다. 그는 권위 아래 있는 사람이었습니다. 그리고 우리도 역시 권위를 존중하는 사람이 되어야 합니다.

권위 아래서 올바로 사는 삶은 주위 사람들에게 선한 간증이 되어 복음의 문을 열어 줍니다. 한 친구는 대부분을 동유럽에서 공산 정부의 숨 막히는 압제 아래 살았습니다. 그는 그리스도를 위해 살아가는 과정에서 많은 위험을 무릅썼습니다. 끊임없이 심문을 당하고 감시를 받았습니다. 그런데 뛰어난 연구 업적으로 국가 최고 훈장을 받았고, 이로 말미암아 당국의 보호를 받았습니다. 그는 자기가 맡은 일에서 지혜롭게 하면서도 타협함이 없이 행하는 법을 배웠습니다. 나아가 이를 통해 주위 사람들을 그리스도께로 인도하며 복음의 진보를 이루었습니다.

사람들을 구하고, 바로를 부하게 함

요셉의 형제들과 아버지와 그 가족들이 이제 안전하게 애굽에 정착했습니다. 그러는 사이에도 요셉은 가히 행정의 대가라 할 정도로 계속 잘 다스렸습니다. 또 한 해, 또 한 해 매년 기근이 계속되는 힘든 상황이었습니다.

얼마 가지 않아 백성들이 가진 모든 돈이 곡식과 바꾸느라 바로에게 전부 들어왔습니다(창세기 47:14). 이제 모든 백성은 돈이 다 떨어졌습니다(15절). 그래서 요셉은 백성들에게, 그들의 가축을 내고 곡식을 받아 가라고 했습니다(16절). 바로는 나라 안에 있는 모든 가축의 소유주가 되었습니다(17절).

마침내 백성들이 요셉에게 와서 말했습니다. "우리가 주께

숨기지 아니하나이다. 우리의 돈이 다하였고, 우리의 짐승 떼가 주께로 돌아갔사오니, 주께 낼 것이 아무것도 남지 아니하고 우리의 몸과 전지뿐이라. 우리가 어찌 우리의 전지와 함께 주의 목전에 죽으리이까? 우리 몸과 우리 토지를 식물로 사소서. 우리가 토지와 함께 바로의 종이 되리니, 우리에게 종자를 주시면 우리가 살고 죽지 아니하고 전지도 황폐치 아니하리이다"(18-19절). 그리하여 요셉은 그들에게 곡식을 주는 대가로 그들의 전지와 몸을 받았습니다. 마침내 모든 것이 바로에게로 넘어갔습니다.

> 그러므로 요셉이 애굽 전지를 다 사서 바로에게 드리니, 애굽 사람이 기근에 몰려서 각기 전지를 팖이라. 땅이 바로의 소유가 되니라. 요셉이 애굽 이 끝에서 저 끝까지의 백성을 성읍들에 옮겼으나. (20-21절)

백성들은 강요에 못 이겨 그렇게 하지 않았습니다. 살기 위해 이것 말고 무슨 다른 대안이 있었겠습니까? 자기의 전지를 계속 보전한 사람들은 제사장들뿐이었습니다. 그들은 바로에게서 봉급을 받았으므로 식량을 사려고 전지를 팔지 않아도 되었기 때문입니다.

요셉은 기근의 끝이 언제 다가오는지를 알고 있었습니다.

그때에 요셉은 애굽인들에게 종자를 주어 파종하게 했습니다. "요셉이 백성에게 이르되, '오늘날 내가 바로를 위하여 너희 몸과 너희 전지를 샀노라. 여기 종자가 있으니 너희는 그 땅에 뿌리라'"(23절). 그러나 추수의 오분의 일을 바로에게 바치도록 맹세를 시켰습니다(24절). "추수의 오분 일을 바로에게 상납하고, 사분은 너희가 취하여 전지의 종자도 삼고 너희의 양식도 삼고 너희 집 사람과 어린아이의 양식도 삼으라"(24절).

그래서 백성의 돈, 짐승, 전지, 몸이 모두 바로의 소유가 되었습니다. 애굽인들이 이러한 처사에 분노하여 원망을 하거나 심지어 대규모 시위나 항의를 하게 되었을까요? 그런 일은 일어나지 않았습니다. 오히려 요셉에게 고마워하였습니다. "주께서 우리를 살리셨사오니 우리가 주께 은혜를 입고 바로의 종이 되겠나이다"(25절).

이러한 조처로 요셉은 수많은 생명을 살렸습니다. 그 조처에 불만을 제기하는 말은 주변 국가들로부터 한마디도 들려오지 않았습니다. 그들의 땅은 기근으로 인해 황폐화되고 치명적인 피해를 입고 있었습니다. 반면에 애굽인들은 요셉의 지혜로운 통치 덕분에 잘 살아남았습니다.

그러한 지혜는 요셉이 자기 직분에 충성했던 결과였습니다. 바로의 꿈에 대하여 하나님께서 주신 해석으로, 요셉은 애굽을 향해 다가오는 위기를 알게 되었습니다. 뿐만 아니라,

그 위기의 정확한 시기와 그것을 이기고 살아남는 방법에 대한 명확한 교훈을 배웠습니다(창세기 41:33-36). 따라서 요셉은 자기가 할 일을 하고 있었을 뿐 아니라, 하나님의 명확한 명령을 수행하고 있었던 것입니다.

모든 사람은 자신이 속한 조직 속에서 크든 작든 권위와 권세에 대하여 각자 책임이 있습니다. 그 책임에는 힘든 결정을 해야 하는 일도 포함되어 있습니다. 이를 테면, 고용과 해고, 급여 삭감, 법을 어긴 사람에 대한 징계, 지도자의 선발과 승진(또는 선발과 승진에서 탈락), 사람들에게 책임을 지움, 책망, 이외에도 무수히 많은 어렵고 힘든 과제가 있습니다. 요셉 또한 많은 어렵고 힘든 결정을 했고, 자기가 맡은 책임을 하나님을 공경하는 마음으로 충성스럽게 성실히 수행하였습니다.

부모를 공경함

여기서 **요셉의 길**에 대하여 배울 수 있는 것은 무엇입니까? 부모를 공경하는 삶이 중요함을 배우게 됩니다. 우리가 살고 있는 이 세대는, 부모를 돌아보지 않거나 학대하는 일이 비일비재하게 일어납니다. 깨어진 가족이 너무도 많습니다. 걸핏하면 모든 문제의 원인을 부모에게 돌리면서 부모를 탓합니다. 부모를 존경하고 귀하게 여기기보다는 비난하고 부끄럽게 여깁니다. 부모와 연장자를 공경하는 문화가 자기중심적인 관점으로 바뀌어 버렸습니다.

완벽한 부모는 아무도 없습니다. 모든 부모는 누구나 초보자입니다. 아무 경험도, 본받을 만한 모델도 거의 없이 자녀 양육에 들어갑니다. 우리 사회에 깨어진 가정이 너무도 많습니다. 반면 건강한 모본과 모델을 보여 주는 가정은 찾아보기 힘듭니다. 각 가정마다 어떻게 부모 역할을 할 것인지 그 방법에서 많은 차이가 있습니다. 그러나 대부분 부모들은 자신이 양육받을 때 겪은 경험과 도구를 가지고 최선을 다합니다. 그 자체만으로도 존경을 받아 마땅합니다. 하지만 자녀들은 성인이 되어서도, 부모들이 그들을 위해 치른 희생, 스트레스, 수고 들을 진정으로 이해하는 경우가 드뭅니다.

"네 아버지와 어머니를 공경하라. 이것이 약속 있는 첫 계명이니"(에베소서 6:2). 이는 신약성경에 나오는 명령입니다. 그러나 오늘날 이 명령에 주목하는 사람은 많지 않습니다. 기독교 상담이든 세속적 상담이든 카운슬링 대다수는, 어떤 사람에게 현재 나타나는 행동이나 감정을 설명하기 위해 그 사람의 과거를 조사하는 것으로 첫 시작을 합니다. 그리고 부모의 결점과 단점에 초점을 맞추는 게 공통입니다. 설명과 이해를 위해서라면 일면 타당할 수도 있지만, 실제로는 비난하고 탓하기 위해서인 경우가 많습니다. 이는 올바르다고 할 수 없습니다. 자녀든 부모든 아무도 과거를 되돌릴 수는 없습니다. 각자 자신이 책임을 기꺼이 떠안는 것이 핵심입니다.

바로 이것을 요셉은 했습니다. 야곱 가정은 참으로 부정적인 요소가 많은 가정이었습니다. 그러나 요셉은 아버지를 공경하는 쪽을 선택했습니다. 그것은 의식적인 선택이었습니다. 그는 잘 알고 있었습니다. 하나님께서 그의 삶 전체를 계획하시고 연출하고 계신다는 사실을.

나는 지난 몇 년 동안 여러 부모들을 만났습니다. 그들은 자녀들이나 손주들과 단절되어 있었습니다. 여러 가지 이유가 있겠지만, 추측건대 부모들의 잘못이 클 것입니다. 부모에게 존경심이나 공경심은 거의 없고, 오직 비난만 있었습니다. 비록 해결 과정이 진행되고 있어도, 워낙 문제가 심각한 경우에는 그 과정이 고통스럽도록 느릴 때가 많았습니다. 그러나 하나님께서는 여전히 역사하고 계십니다. 그분은 화해를 가져올 수 있으십니다. 그 복잡한 과정을 기꺼이 거치기 위해서는 많은 믿음과 인내가 필요합니다.

어떤 경우에는 그 상황이 쉽게 나아지지 않고, 해결이 아주 더딜 수도 있습니다. 그러나 끝까지 포기하지 말고 계속 시도해야 합니다.

사람들을 섬기라

요셉 이야기에서 배우는 또 한 가지 교훈은, 다른 사람들을 섬기는 것이 우리의 의무라는 사실입니다.

교회에서, 지역사회에서, 일터에서, 학교에서 다른 사람들을 희생적으로 섬기는 사람들을 하나님께서는 축복하십니다. 이끄는 사람이건 따르는 사람이건, 다른 사람의 번영과 행복을 추구하려는 책임 의식은 반드시 필요합니다.

우리가 사람들을 섬기려는 마음을 가지고 있을 때, 하나님께서는 우리의 일터, 이웃, 또는 학교에서 거기에 맞는 문들을 열어 주십니다.

요셉은 자기 가족과 온 국민을 구했습니다. 어쩌면 당신은 당신의 이웃을 구할 수 있습니다. 그들을 섬김으로써 그들의 필요를 채워 줄 뿐 아니라, 자연스럽게 복음 전할 기회를 얻게 되고 그들의 생명을 구할 수 있게 됩니다. 복음은 우리의 삶 전체를 통해 전파됩니다. 그리스도를 닮은 인격과 말과 행동으로 전파됩니다. 우리의 작은 섬김과 선행, 작은 사랑, 작은 긍휼 등을 통해 삶으로 실천됩니다. 이처럼 당신이 이웃 사랑을 실천할 때, 사람들은 "당신은 왜 이것을 하고 있습니까?" 하고 그 이유를 묻습니다. 그때 우리는 자연스럽게 복음을 말해 줄 수 있습니다(베드로전서 3:15 참조).

아마도 하나님께서는 우리가 참여할 수 있는 일들을 우리를 위해 예비해 두셨을는지도 모릅니다. 다른 사람들을 섬기십시오. 결코 후회하지 않을 것입니다.

묵상 및 적용

1. 어떻게 하면 지금 당신의 부모를 극진히 공경할 수 있습니까?

2. 어떻게 하면 당신이 속한 사회에서 다른 사람들을 잘 섬길 수 있습니까?

3. 요셉은 누구에게 책임을 졌습니까? 그는 하나님을 섬기는 것과 일 사이에서 어떻게 균형을 이룰 수 있었습니까?

4. 요셉의 형제들이 요셉을 다룬 것처럼 당신의 형제들이 당신을 그렇게 했다면 당신은 어떻게 하겠습니까?

제 16 장

축복하기

네 아비의 축복이 내 부여조의 축복보다 나아서
영원한 산이 한없음같이
이 축복이 요셉의 머리로 돌아오며
그 형제 중 뛰어난 자의 정수리로 돌아오리로다.
창세기 49:26

제 16 장

축복하기

사랑하는 사람들을 축복하라

혹시 양로원이나 요양원에 가 본 적 있습니까? 이 시대가 노인들을 얼마나 부당하게 대우하고 있는지를 새삼 깊이 깨닫게 됩니다. 그들의 신체와 정신이 연약한 것은 분명합니다. 그들 모습은 언젠가 우리도 그들과 같이 될 것을 상기시켜 줍니다. 그런데 그들의 지혜와 그들이 이루어 놓은 것들은 세월의 쓰레기통 속에 버려져 있습니다. 그들 기억 속에만 남아 있을 뿐입니다. 하지만 그들에게는 여전히 지혜가 있고 능력이 있습니다. 흔히 노인 하나가 세상을 떠나면 도서관 하나가 불타는 것과 같다고들 합니다. 인생을 살며 얻은 지혜가 그만큼 많다는 뜻입니다.

그런데도 우리는 그들을 무시하며 마치 '없는' 사람 취급합니다. 그들 역시 정신적, 정서적, 신체적, 영적 필요를 가진, 우리와 똑같은 사람들인데도 말입니다.

지금 이 시대는 사회 전반적으로 나이 든 사람들에게 별로 주의를 기울이지 않습니다. 관심을 기울일 때는 대부분 그들이 우리 부모나 조부모이기 때문인 경우가 많습니다. 그들과 함께 역사를 살아온 우리로서는 그들의 축복과 용납을 간절히 원합니다.

요셉 이야기가 끝에 가까워지면서, '축복하기'가 중심 주제로 떠오릅니다. 애굽에서 야곱의 자손들은 빠른 속도로 번성하기 시작했습니다.

> 이스라엘 족속이 애굽 고센 땅에 거하며 거기서 산업을 얻고 생육하며 번성하였더라. (창세기 47:27)

야곱은 애굽에서 17년 동안 살았습니다. 야곱은 죽을 기한이 가까워 오자, 주도권을 쥐고 요셉을 자기 앞으로 불러서, 막강한 권세를 가진 아들에게 언뜻 보면 이상한 당부를 했습니다(28-29절).

> 이제 내가 네게 은혜를 입었거든, 청하노니 네 손을 내 환도뼈 아래 넣어서 나를 인애와 성심으로 대접하여 애굽에 장사하지 않기를 맹세하고, 내가 조상들과 함께 눕거든 너는 나를 애굽에서 메어다가

선영에 장사하라. (29-30절)

당시에 손을 환도뼈 아래에 넣는 것은 맹세를 꼭 지킬 것을 다짐하는 엄숙한 서약 의식입니다. 환도뼈는 생명의 근원과 권위를 상징하는 것으로 여기에 손을 넣고 맹세하는 것은 맹세의 엄숙성과 절대성을 나타냅니다.

요셉은 야곱이 당부한 대로 따를 것을 엄숙하게 맹세했습니다. "요셉이 가로되, '내가 아버지의 말씀대로 행하리이다.' 야곱이 또 가로되, '내게 맹세하라.' 맹세하니"(30-31절).

요셉이 맹세하자, 그 응답으로 아버지 야곱은 "침상 머리에서 경배"(31절)하였습니다. 야곱은 이러한 요셉을 보고 침상 머리맡에 엎드려 하나님께 굴복과 감사의 표시로 머리 숙여 절한 것입니다.

여기에서 다시 아버지에 대한 공경심을 나타내는 요셉을 볼 수 있습니다. 그리고 요셉은 가족에 대한 자신의 책임을 깨달았습니다.

부모님들이 연로해지면서 우리는 자녀로서 더욱더 그들을 보살피고 그들을 공경해야 합니다. 이렇게 부모를 섬기는 것은 우리 삶에 아주 큰 특권입니다. 동시에 우리는 그들의 축복을 간절히 원합니다. 우리 자신과 우리 자녀들을 위해 그들이 축복해 주기를 원합니다. 이것이 **요셉의 길**입니다. 공경과 축복은 밀접하게 연결되어 있습니다.

복을 나눠 줌

이 시점에서, 이야기 초점은 야곱이 아들들과 손자들에게 나눠 주는 축복으로 옮겨 갑니다.

연로한 족장은 병들어 자리에 눕게 되었습니다(창세기 48:1). 눈은 나이가 들어 어두워져서 잘 보이지 않았습니다(10절). 그러나 여전히 가족 내에서 큰 권위와 영향력을 가지고 있었습니다. 이는 고대에 전형적인 패턴입니다. 유산과 축복을 나눠 주는 것은 전적으로 족장 또는 연장자의 권한이었습니다. 그의 결정은 씨족의 장래에 중대한 영향을 미쳤습니다.

야곱은 두 가지 복을 줍니다. 첫째는 우선권과 뛰어남의 복이고, 둘째는 복과 예언이 섞인 것이었습니다.

요셉은 아버지가 병이 드셔서 곧 돌아가시리라는 것을 알았습니다. 그래서 두 아들 므낫세와 에브라임을 데리고 아버지 야곱에게로 갔습니다(1절). 두 아들은 그 무렵 청년이었습니다. 요셉은 아버지가 그들에게 축복해 주기를 원했습니다. 요셉이 왔다는 말을 듣고 야곱은 힘을 내어 침상에 앉았습니다(2절). 병상에서 야곱은 아들과 손자들을 축복하기 전에, 저 멀리로 거슬러 올라가 자신에게 하신 하나님의 약속을 다시 이야기했습니다. 그의 자손들이 생육하고 번성하여 큰 민족을 이룰 것이라는 약속이었습니다.

요셉에게 이르되, "이전에 가나안 땅 루스에서 전
능한 하나님이 내게 나타나 복을 허락하여 내게
이르시되, '내가 너로 생육하게 하며 번성하게 하여
네게서 많은 백성이 나게 하고 내가 이 땅을 네
후손에게 주어 영원한 기업이 되게 하리라' 하셨느
니라." (창세기 48:3-4)

그 다음에 한 가지 중요한 결정을 공표했습니다. 틀림없이
요셉은 깜짝 놀랐을 것입니다.

내가 애굽으로 와서 네게 이르기 전에 애굽에서
네게 낳은 두 아들 에브라임과 므낫세는 내 것이라.
르우벤과 시므온처럼 내 것이 될 것이요, 이들 후의
네 소생이 네 것이 될 것이며, 그 산업은 그 형의
명의하에서 함께하리라. 내게 관하여는 내가 이전
에 내가 밧단에서 올 때에 라헬이 나를 따르는 노중
가나안 땅에서 죽었는데 그곳은 에브랏까지 길이
오히려 격한 곳이라. 내가 거기서 그를 에브랏 길에
장사하였느니라. (에브랏은 곧 베들레헴이라.) (창
세기 48:5-7)

그러고 나서 야곱은 손자 에브라임과 므낫세를 가까이 오

게 했습니다. 그들을 축복하기 위해서였습니다(9절). 야곱은 그 젊은이들을 입 맞추고 안았습니다.

  요셉은 다시 땅에 엎드려 절하며 아버지에게 공경을 표했습니다(12절). 아버지는 오른손을 맏아들인 므낫세의 머리가 아니라, 둘째 아들인 에브라임의 머리에 펴서 얹었습니다(14절). 요셉은 놀랐습니다. 기분이 좋지 않았습니다(17-18절). 오른손은 더 큰 축복을 의미했기 때문입니다.

  야곱은 이때에 "요셉을 위하여 축복"하였습니다(15절). 그 축복에는 요셉의 두 아들도 포함되어 있었습니다.

> 내 조부 아브라함과 아버지 이삭의 섬기던 하나님, 나의 남으로부터 지금까지 나를 기르신 하나님, 나를 모든 환난에서 건지신 사자께서 이 아이에게 복을 주시오며, 이들로 내 이름과 내 조부 아브라함과 아버지 이삭의 이름으로 칭하게 하시오며, 이들로 세상에서 번식되게 하시기를 원하나이다. (창세기 48:15-16)

  요셉이 그 아비가 우수를 에브라임의 머리에 얹은 것을 보고 기뻐 아니하여 아비의 손을 들어 에브라임의 머리에서 므낫세의 머리로 옮기고자 하여 그 아비에게 이르되, "아버지여, 그리 마옵소서. 이는

장자니 우수를 그 머리에 얹으소서." 아비가 허락
지 아니하여 가로되 "나도 안다. 내 아들아, 나도
안다. 그도 한 족속이 되며 그도 크게 되려니와,
그 아우가 그보다 큰 자가 되고 그 자손이 여러
민족을 이루리라" 하고, 그날에 그들에게 축복하여
가로되 "이스라엘 족속이 너로 축복하기를, '하나
님이 너로 에브라임 같고 므낫세 같게 하시리라'
하리라" 하여 에브라임을 므낫세보다 앞세웠더라.
(창세기 48:17-20)

야곱은 또 요셉에게 말했습니다. "나는 죽으나 하나님이 너희와 함께 계시사 너희를 인도하여 너희 조상의 땅으로 돌아가게 하시려니와"(21절). 이 말은 자기 후손에 대하여 하나님께서 더 높고 크신 계획을 가지고 계심을 믿는 믿음을 나타내는 말이었습니다. 이 구절에서 "너희"는 요셉과 두 아들만을 가리키는 것이 아니라 야곱의 후손인 이스라엘 자손 전체를 가리킵니다.

이윽고 야곱은 열두 아들을 한데 불러서, 각 사람이 후일에 당할 일을 말해 주었습니다. 야곱이 요셉에 대하여 말할 때, 그의 말은 대단히 풍성하고 긍정적이었습니다. 그의 말은 또한 다른 아들들이 요셉에게 한 일을 그가 알고 있다는 것을 분명히 가리키고 있었습니다. 사실, 열두 아들들에 관한 야곱의 예언적인 말 속에서, 구체적으로 복을 주는 내용은 요셉에게 한 말들 속에만 포함되어 있습니다.

> 요셉은 무성한 가지 곧 샘 곁의
> 무성한 가지라. 그 가지가 담을 넘었도다.
> 활 쏘는 자가 그를 학대하며
> 그를 쏘며 그를 군박하였으나,
> 요셉의 활이 도리어 견강하며
> 그의 팔이 힘이 있으니,
> 야곱의 전능자의 손을 힘입음이라.
> 그로부터 이스라엘의 반석인 목자가 나도다.
> 네 아비의 하나님께로 말미암나니
> 그가 너를 도우실 것이요,
> 전능자로 말미암나니
> 그가 네게 복을 주실 것이라.
> 위로 하늘의 복과 아래로 원천의 복과
> 젖 먹이는 복과 태의 복이리로다.
> 네 아비의 축복이 내 부여조의 축복보다 나아서
> 영원한 산이 한없음같이
> 이 축복이 요셉의 머리로 돌아오며,
> 그 형제 중 뛰어난 자의 정수리로 돌아오리로다.
> (창세기 49:22-26)

어떻게 축복하는가

요셉의 길에서 '축복하기'는 오늘날 어떻게 적용할 수 있습니까? 우리는 야곱이 아닙니다. 야곱은 이스라엘의 영웅 중 하나요 한 민족의 조상이었습니다. 우리는 요셉도 아닙니다. 그는 강력한 권세를 가진 한 나라의 총리였습니다. 우리는 그저 평범한 보통 사람들입니다. 가족 관계와 인간관계가 여러 가지로 복잡한 사람들입니다. 많은 이들이 자녀들, 손주들, 부모들을 축복할 수 있었던 중요하고 좋은 기회들을 이미 놓쳐 버렸습니다. 우리는 자신이 현재 있는 곳에서부터만 시작할 수 있습니다. 시간의 테이프를 다시 되감을 수는 없습니다. 그러나 과거의 일부를 수선할 수는 있습니다.

게리 스몰리와 존 트렌트는 〈축복하기〉라는 책에서 축복을 하는 것과 연관된 아이디어를 풍부하게 보여 줍니다. 그들은 축복하기의 중요성에 대해 이렇게 말합니다.

> 비록 오랫동안 부모와 정기적으로 만나 왔을지라도, 부모의 축복을 얻거나 놓치는 것은 우리에게 광장한 영향을 미칩니다. 사실 부모와의 관계에서 일어나는 것은 우리의 현재와 미래에 큰 영향을 미칩니다.

축복을 베풀거나 받는 것은 그 영향이 굉장합니다. 그것은 성서적이면서 꼭 필요합니다.

말의 위력

우리가 하는 말은 자녀들의 삶 전체에 많은 영향을 미칩니다. 사실 자녀뿐 아니라 우리가 더불어 말하는 모든 이에게 깊은 영향을 미칩니다. 친절하고 온유하고 격려하는 말을 힘쓰십시오. 비판하는 말을 경계하고 삼가십시오. 긍정적이고 세워 주는 말을 하십시오.

칭찬이나 격려의 말을 할 때 빈말로 해서는 안 됩니다. 빈말을 하면 자녀들은 그 말이 진실하지 않고 불성실한 것으로 여기게 됩니다. 예를 들어, "넌 너희 축구팀에서 최고 선수야!"라고 말해 보았자 아무 효과가 없을 것입니다. 자기가 최고 선수가 아니라는 것을 자신도 잘 알고 있기 때문입니다. 진실을 말하십시오. 그들이 하는 것 속에서 좋은 것을 찾으십시오.

앞에서 학생 시절의 역사 선생님에 대해 말한 적이 있습니다. 선생님은 107세를 사셨습니다. 선생님이 수업 시간에 나에게 하셨던 한마디는 아직도 기억이 생생합니다. 내가 남북전쟁에 대한 발표를 마치고 자리에 앉았을 때, 선생님은 이렇게 말씀하셨습니다. "자, 발표는 바로 이런 식으로 해야 합니다!" 나는 여러 해 동안 그 말씀대로 살았습니다. 그것은 내게 아주 많은 것을 의미했습니다. 급우들 대부분이 '부자 동네' 출신이었는데, 나는 아니었기 때문입니다. 그분이 한 칭찬은 내게 '나도 출신 좋은 학생들과 경쟁할 수 있다' 이런 의미로 다가왔습니다. 당연히 나는 지금도 그 칭찬을 잊지 않고 있습니다.

축복하기는 또한 글로 할 수도 있습니다. 자녀와 손주들에게 칭찬과 격려하는 글을 써 보십시오. 생일 카드는 그중 하나입니다. 그러나 카드는 이미 예상되는 표현 방법입니다. 아무 때나 마음 내킬 때, 그리고 특별한 때에 써 보십시오. 스포츠 경기나 연주회, 학교 행사나 대회, 입학이나 졸업 같은 때에 말입니다. 글을 쓸 때는 공들여 수고하십시오. 특히 그들 근처에 살고 있지 않을 때는. 이메일 같은 것을 활용해도 됩니다. 특히 젊은 사람들에게는 문자 메시지나 소셜 미디어 등을 활용하여 마음을 전하는 글을 보내는 것도 좋습니다. 모르면 배우십시오. 그들은 날마다 그 속에서 살고 있기 때문입니다. 이런 것들은 '신속한' 칭찬과 격려, 관심과 위로 등을 전하는 데 도움이 될 수도 있습니다. 하지만 직접 손으로 쓴 쪽지나 편지, 카드 등을 대체하기에는 좀 약하다고 할 수 있습니다.

축복하기는 특히 칭찬을 통하여 이루어집니다. 다른 사람들을 칭찬하는 것은 하나의 예술입니다. 그것은 "잘했다"라고 말하는 것 이상입니다. 칭찬은 인사치레로 하는 빈말이 되어서는 안 됩니다. 구체적이고 진정성이 담긴 진짜이어야 합니다. "정말로 훌륭한 기술이었어. 네가 레슬링 시합 2피리어드에서 한 거 말이야. 그게 뭐였니?" "나는 정말로 좋아. 네가 그 애를 대한 방식이. 그 애는 친구가 별로 없어. 그런데 네가 특별히 애써서 그 애한테 말을 걸었지."

나는 이 일에서 뼈아픈 실수를 한 적이 있습니다. 딸아이가 십대였을 때의 이야기인데, 한번은 나에게 "아빠, 이 옷 어때요?" 하고 물었습니다. 보니 마음에 안 들었습니다. 그래서 별 생각 없이 말했습니다. "별론데. 차라리…." 그 다음 말은 굳이 하지 않아도 다 알았습니다. 아무 생각 없이 내뱉은 말이었고, 아이에게 큰 상처를 주는 것이었습니다. 딸은 그때 일을 지금도 기억하고 있습니다. 가끔 가다 그 일을 얘기하며 웃음을 터트리곤 합니다. 지금은 비록 우리 가족 사이에서 우스개로 남아 있는 추억이지만, 당시에는 결코 그냥 웃고 넘어갈 일이 아니었습니다. 내 아픈 전철을 밟지 마십시오.

가족을 축복하기 위해 할 수 있는 것 중에 가장 의미 있고 중요한 것은 시간을 정하여 그들을 위해 정기적으로 기도하는 것입니다. 구체적으로 간절히 기도하는 것입니다. 구체적인 기도 내용을 그들에게도 알려 주십시오. 그러면 큰 격려를 받습니다. "우리가 너희 무리를 인하여 항상 하나님께 감사하고 기도할 때에 너희를 말함은"(데살로니가전서 1:2).

무엇을 기도해야 합니까? 골로새 성도들을 위하여 바울이 한 기도는 좋은 본을 보여 줍니다.

> 이로써 우리도 듣던 날부터 너희를 위하여 기도하기를 그치지 아니하고 구하노니, 너희로 하여금 모든 신령한 지혜와 총명에 하나님의 뜻을 아는 것으로 채우게 하시고, 주께 합당히 행하여 범사에 기쁘시게 하고, 모든 선한 일에 열매를 맺게 하시며, 하나님을 아는 것에 자라게 하시고, 그 영광의 힘을 좇아 모든 능력으로 능하게 하시며, 기쁨으로 모든 견딤과 오래 참음에 이르게 하시고, 우리로 하여금 빛 가운데서 성도의 기업의 부분을 얻기에 합당하게 하신 아버지께 감사하게 하시기를 원하노라.
> (골로새서 1:9-12)

여기에다 더하고 싶은 기도 제목이 있으면 얼마든지 더 첨가하여 기도하기 바랍니다.

유 산

야곱이 자기 아들들, 특히 요셉에게 준 것은 매우 값진 유산이었습니다. 값으로 매길 수 없고 돈으로 살 수도 없는 극히 귀한 것이었습니다. 당신은 사랑하는 사람들에게 무엇을 유산으로 남기겠습니까?

우리는 대부분 유산을 생각할 때면 물질적인 것, 그리고 법적 상속과 연관하여 생각합니다. 그러나 우리가 물려 줄 유산은 훨씬 더 광범합니다. 재산이나 소유물 등 물질적인 것도 있고, 추억들도 있고, 영적인 것들도 있습니다. 그들과 함께한 시간들도 하나의 귀한 유산입니다.

각각에 대하여 잠시 몇 가지 아이디어를 살펴보도록 하겠습니다. 자신이 놓여 있는 특정한 상황에서 생각하는 데 도움이 되기를 바랍니다.

재산과 소유물

한 가지 제안을 드리자면 유언장을 미리 작성해 두는 것도 좋습니다. 그렇지 않으면 뜻하지 않게 가족들 사이에 원망과 불평, 갈등과 다툼이 생길 수도 있습니다. 이와 연관하여 전문가에게 도움을 받는 것도 좋은 방법입니다.

이런 제안이 꼭 부자에게만 해당되지는 않습니다. 현재

살고 있는 집이 전부일 수도 있습니다. 자신이 실제로 가지고 있는 재산과 소유를 현실적으로 파악하십시오. 사람들이 소유하고 있는 것들을 보면 대부분이 금전적 가치가 별로 없는 경우도 많습니다. 이를 테면, 옷, 가구, 그릇 등등. 내 경우, 우리 집에 있는 거의 모든 게 중고로 팔기에도 힘듭니다. 실질적 가치가 있는 항목은 나와 가족 구성원들을 연결시켜 주는 것들입니다. 어떤 항목은 감성적 가치가 큰 것들입니다. 이를 테면, 상장, 학위 증서, 군복, 사진, 잡지, 편지, 가족의 역사를 기록한 기록물, 손때 묻은 성경책들, 좋아하는 책들 등이 여기에 속합니다.

무엇보다, 할 수 있는 대로 상속자들에게 글을 남기기 바랍니다. 꼭 잊지 말아야 할 것은, 그들이 가치 있게 여기는 것은 당신 자신이지, 당신의 재산이나 소유물이 아니라는 사실입니다.

추 억

절친한 친구 중에 스탠 뉴웰 박사 부부가 있는데, 그들이 좋아하는 모토가 "추억을 만들자!"입니다. 참으로 훌륭한 생각입니다. 당신이 자녀와 손주들에게 물려줄 것은 추억을 불러일으키는 항목들입니다.

사랑하는 사람들에게 물려줄 좋은 추억이 무엇인지 확실히 모를 수도 있습니다. 물론 사진과 영상이 핵심입니다. 당신 개인의 역사는 시간이 가면서 그들에게 더욱 귀하게 됩니다. 사진이든 영상이든 뭐든 자신의 역사를 기록한 기록물을 만드십시오. 자신이 걸어온 특별한 인생 여정, 부모와 조부모에 대한 기억, 어린 시절 자란 곳, 그 동안에 한 활동과 그 이유, 일과 직업, 씨름과 갈등, 그 동안 살았던 곳 등 이외에도 아주 많습니다.

 기록한 내용을 보면 깜짝 놀랍니다. 자녀들과 손주들이 당신에 대하여 실제로 알고 있는 게 얼마나 적은지를 알게 됩니다. 정말 그럴까 하는 의문이 든다면, 실제로 부모와 조부모의 진짜 내면의 삶에 대하여 당신이 얼마나 알고 있는지를 생각해 보기 바랍니다.

 내가 물려받은 값진 유산 중의 하나는 증조부가 남긴 일지입니다. 노르웨이에 여행을 갔다 오셔서 거기서 본 영적 상황을 깊이 생각하고 묵상하면서 쓴 것입니다.

 당신이 남기는 영상이나 기록물을 이용하여 주위 사람들과 후세대에 자신의 메시지를 전할 수도 있습니다. 사랑하는 이들이 당신의 영적 가치관을 지금 공유하고 있지 않다면, 훗날에라도 그 메시지는 그들의 삶에 중요한 영향을 끼칠 수 있습니다. 갈등과 문제가 있었다면, 소망이 담긴 메시지를 남기십시오.

영적 유산

그동안 유산과 연관하여 많은 사람들과 대화를 나누었는데, 거의 한결같이 '영적 일지'에 대해 말했습니다. 조부모와 부모들이 남긴 영적 일지에서 경건한 영향을 받았다고 했습니다.

자녀와 손주들이 당신이 믿고 있는 바를 알게 하십시오. 당신이 경험한 영적 싸움들에 대하여 말할 때 솔직하게 사실대로 말하십시오. 당신이 겪은 실수와 실패들을 나누십시오. 누구나 실수를 합니다. 〈피터 팬〉의 저자요 극작가인 J. 바리는 다음과 같은 지혜로운 조언을 했습니다. "모든 사람의 삶은 하나의 일기입니다. 그 속에서 사람들은 어떤 이야기를 쓰려고 해 놓고는 다른 이야기를 쓰곤 합니다. 자신이 지금 쓰고 있는 그 일기책은 자신이 쓰려고 소망한 것과는 다를 때가 많습니다. 이 둘을 비교할 때가 가장 겸손해지는 시간입니다."

함께하는 시간

자녀나 손주들과 함께하기를 부지런히 힘쓰십시오. 이것을 대체할 만한 것은 아무것도 없습니다. 껴안아 주고 뽀뽀해 주는 것은 우편으로 보낼 수 있는 게 아닙니다. 당신이 그들과 함께하는 것은 아무 말 하지 않아도 그 자체만으로도 큰 소리로 말하는 셈입니다.

자녀와 손주들에게 특별히 의미가 있는 사건들이 있을 때 거기에 참석하여 그들과 함께해 주려고 힘쓰십시오. 이를 테면, 운동 경기 시합, 시상식, 생일, 입학과 졸업, 결혼 등을 들 수 있습니다. 멀리서 살고 있을 경우에는, 특별한 여행을 계획하여 보십시오. 그것을 우선순위로 삼으십시오.

내게는 손주가 열한 명이 있는데 그중 일곱 명이 같은 도시에 살고 있습니다. 그들의 활동이 우리 달력에 맨 먼저 기록되어 있습니다. 그들은 우리가 와서 함께해 주는 것에 대하여 별로 말한 적이 없습니다. 그러나 그들은 우리를 보고 있습니다. 스포츠 행사가 있으면, 우리는 땀으로 젖은 그들을 껴안기도 하고, 그들을 향해 소리 지르며 응원하기도 하고, 칭찬도 하고 격려도 합니다. 멀리서 살고 있는 손주 네 명에게는 그게 어렵습니다. 그들을 만나러 일부러 먼 거리를 간다든지, 전화를 한다든지, 사진을 보내 준다든지 등등 이런 것들이 우리가 그들과 함께하려고 시도하는 활동입니다. 이런 식으로 우리는 쉽게 잊히지 않는 뭔가로 그들을 축복합니다. 그것은 바로 그들과 함께해 주는 것입니다.

〈뿌리〉의 작가인 앨릭스 헤일리가 이렇게 말한 적이 있습니다. "어린 자녀들을 위해 할아버지 할머니가 하는 것을 아무도 대신 해 줄 수 없습니다. 할아버지 할머니는 어린 자녀들의 삶에 두고두고 황홀한 매력을 주는 신비한 존재입니다."

축복하기가 없을 때

축복하기가 없을 때 어떤 결과가 올까요? 설상가상 고의적으로 축복하기를 하지 않거나 거두어 버릴 때에 나타나는 결과는 무엇일까요?

필립 얀시는 은혜의 놀라움에 대하여 쓴 책에서 슬픈 이야기 하나를 인용합니다. 유명한 작가인 어니스트 헤밍웨이의 삶 속에서 축복하기가 결여되었을 때 어떤 결과가 나타났는가를 말합니다. 헤밍웨이 가족들은 헤밍웨이를 차갑게 대하였습니다. 내놓은 자식 취급하였습니다. 부모는 탕자같이 살아가는 아들을 몹시 싫어했습니다. 그리고 나중에 어머니는 헤밍웨이가 자기와 함께 있는 것조차 싫어했습니다. 가족들의 냉대는 결국 증오로 발전하였고, 그것을 도저히 이겨내지 못한 그는 급기야 총으로 자살했습니다.

성경에 나오는 축복하기의 대부분은 나이든 남자들이 젊은 남자들에게 하는 것입니다. 일반적으로 가정에서 권위는 가장인 남자에게 있는 경우가 많습니다. 많은 자녀들이 아버지의 참여와 축복을 통해 많은 축복을 누리게 됩니다. 그러면 여자들이 하는 축복하기는 남자들이 하는 것과 차이가 있기라도 하는 걸까요? 아무런 차이도 없습니다. 많은 가정에서 가장 존경스러운 인물은 여자입니다. 어머니와 할머니입니다. 남자는 책망하고 바로잡아 주는 데 더 자연스럽고, 여자는 축복하고 격려하는 데 더 자연스럽습니다.

가정생활이 깨어진 경우도 있습니다. 그런 경우에는 가족 구성원 사이에 관계가 손상되지 않고 온전함을 유지하기가 아주 어렵습니다. 이런저런 이유로 가족 구성원들이 따로 살고 있거나 멀리 떨어져 있는 경우에는 축복하기를 실천하기가 현실적으로 쉽지 않을 수도 있습니다. 그러한 환경에서는 어머니와 아버지, 할머니와 할아버지가 자녀와 손주들이 어리든 성장했든 자녀들의 삶 속에 적극적으로 개입하여 축복하기를 실천하는 것이 훨씬 더 필요합니다.

기다리지 마십시오. 기다리면 너무 늦습니다. 지금 시작하십시오.

묵상 및 적용

1. 당신의 삶에서 당신이 받은 축복은 무엇입니까?

2. 당신이 가족과 다른 사람들을 축복하려고 시도했던 방법을 몇 가지 적어 보십시오.

3. 요셉이 아버지 야곱에게 보인 반응에서 당신은 어떤 교훈을 발견합니까? 아들들에게 한 야곱의 축복하기를 통해 어떤 교훈을 발견합니까?

4. 당신이 자녀와 손주들을 축복하기 위해 지금 할 수 있는 일은 무엇인지 적어 보십시오.

제 17 장

은혜로 행하다

내가 하나님을 대신하리이까?
창세기 50:19

제 17 장

은혜로 행하다

항상 은혜를 베풀라

야곱이 세상을 떠나자, 요셉의 형제들은 공황 상태에 빠졌습니다. 이제 모든 카드가 테이블 위에 올려져 있습니다. 야곱이 한 예언과 축복을 듣고, 그들은 각자가 받게 될 기업을 알고 있었습니다. 가장 뛰어난 축복이 요셉에게 주어졌습니다. 요셉은 분명히 그런 축복을 받을 만한 사람이었습니다.

아버지가 돌아가시자 요셉은 몹시 슬픔에 잠겨 있었습니다. 야곱이 마지막 숨을 거두자(창세기 49:33), 요셉은 아버지 얼굴 위로 몸을 숙이고 울면서 입을 맞추었습니다(창세기 50:1).

모든 가족이 공식적인 애도 행사에 모였습니다. 애굽의 관습대로 야곱의 시신에 향 재료를 넣어 방부 처리를 하였습니다(창세기 50:2-3). 야곱의 가족에게는 새로운 것이었습니다. 야곱의 몸에 향 재료를 넣는 데 40일이 걸렸습니다. 애굽 사람들은 70일 동안 야곱을 위하여 곡하였습니다(3절). 곡하는 기한이 지나자, 야곱의 소원에 따라(4-5절) 전 가족이 바로의 허락을 받아 야곱을 장사하러 가나안으로 갔습니다(6-9절). 애굽 왕실의 장례 절차에 따라 진행되었습니다. 화려한 행렬이었습니다. 성대한 의식이 치러졌습니다. 애굽의 핵심 지도자급 인사들이 모두 야곱의 가족과 함께 가나안으로 가서 장례식에 참여했습니다. 동원된 군사도 아주 많았습니다. 심히 엄청난 행렬이었습니다. 야곱은 가족 매장지인 막벨라 굴에 장사되었는데, 거기에는 할아버지 아브라함과 할머니 사라, 아버지 이삭과 어머니 리브가, 그리고 아내인 레아가 장사되어 있었습니다(창세기 49:31, 50:13 참조).

이제 모든 공식적인 장례 절차를 마치고 요셉의 형제들이 모였습니다. 모두들 마음이 두려웠습니다. 앞일을 생각하니 공포가 갑자기 몰려왔습니다.

> 요셉의 형제들이 그 아비가 죽었음을 보고 말하되, "요셉이 혹시 우리를 미워하여 우리가 그에게 행한 모든 악을 다 갚지나 아니할까?" 하고. (창세기 50:15)

다시 한 번 형제들의 진짜 모습이 드러났습니다. 그들은 양심에 가책을 느끼고 있었습니다. 자신들이 하나님께, 아버지 야곱에게, 그리고 요셉에게 죄를 지었다는 것을 알고 있었습니다. 그들 스스로 "우리가 그에게 행한 모든 악"이라고 말했습니다. 이 말은 각자가 자기 잘못을 아주 자세히 알고 있었다는 뜻입니다. 지금까지 밤낮으로 그들은 '그들이 요셉에게 행한 모든 악'을 반복 재생했었고, 그것을 아버지에게 숨겨 오고 있었습니다. 집에서 아버지와 함께 식사를 얼마나 많이 했겠습니까? 식사 때마다 아버지가 잃어버린 아들에 대하여 이야기하는 것을 들었을 것입니다. 그리고 그때마다 자신들이 아버지에게 한 거짓말을 다시 떠올리곤 했을 것입니다.

청결한 양심

죄는 그와 같습니다. 끊임없이 우리에게 맞서 다가옵니다. 성령께서 우리로 하여금 죄를 깨닫게 하시고, 우리가 자백하고 회개할 것인지를 두고 씨름하게 하십니다.

우리가 그 무엇보다 앞서 추구해야 할 중요한 목표 중 하나는 '청결하고 거리낌이 없는' 양심을 갖는 것입니다. 바울은 과거에 자기 양심에 따라 많은 신자들을 죽이는 데 가담한 사람이었습니다. 이제는 이렇게 말하고 있습니다. "이것을 인하여 나도 하나님과 사람을 대하여 항상 양심에 거리낌이 없기를 힘쓰노라"(사도행전 24:16). 여기서 '항상'과 '힘쓰노라'라는 단어는 청결하고 거리낌 없는 양심을 유지하기가 얼마나 어려운지를 잘 보여 줍니다. 지도자로서 그는 모든 행동에서 양심에 거리낌 없고 진실되게 행하기 위해 힘썼습니다.

오늘날 우리는 성령을 소유하고 있습니다. 뿐만 아니라 하나님의 말씀인 성경을 가지고 있습니다. 이 둘은 우리가 죄에 물든 양심을 올바로 다루도록 도와줍니다. 히브리인들에게 쓴 히브리서는 거리낌 없는 깨끗한 양심을 유지하는 법을 기록하고 있습니다. 율법과 행위는 우리의 죄로부터 우리를 깨끗케 할 수 없음을 언급하면서, 히브리서는 예수 그리스도를 우리의 대제사장으로 묘사합니다. 예수 그리스도께서는 친히 우리를 위한 희생 제물이 되셨습니다. "하물며 영원하신 성령으로 말미암아 흠 없는 자기를 하나님께 드린 그리스도의 피가 어찌 너희 양심으로 죽은 행실에서 깨끗하게 하고 살아 계신 하나님을 섬기게 못하겠느뇨?"(히브리서 9:14).

이 은혜의 시대에, 청결하고 거리낌 없는 양심에 이르는 유일한 길은 예수 그리스도를 통하는 것입니다. 예수님의 삶과 사역은 요셉의 삶에서 여러 방법으로 그림자로 나타나 있습니다.

상상할 수 없는 반응

요셉의 형제들은 깊은 고민에 빠졌습니다. 아버지가 안 계시고 아버지의 영향력이 영원히 사라진 지금, 요셉이 그들을 어떻게 대할까? 만약 자기들이 그 입장이라면 보복할 길을 모색했으리라는 것을 잘 알고 있었습니다. 그래서 그들은 요셉도 그럴 것이라고 추측했습니다. 그러한 추측을 하면서 함께 모여 대책을 모의한 다음 요셉에게 전갈을 보냈습니다. 그들은 감히 뻔뻔스럽게도 자신들을 '하나님의 종들'이라고 했습니다. 그 말은 누가 봐도 명백한 또 다른 거짓말 세트였습니다.

> 요셉에게 말을 전하여 가로되, "당신의 아버지가 돌아가시기 전에 명하여 이르시기를, '너희는 이같이 요셉에게 이르라. 네 형들이 네게 악을 행하였을지라도 이제 바라건대 그 허물과 죄를 용서하라 하셨다 하라' 하셨나니, 당신의 아버지의 하나님의 종들의 죄를 이제 용서하소서" 하매…. (창세기 50:16-17)

얼마나 슬픈 기록입니까? 그들은 이스라엘 각 지파의 조상들이었습니다. 하지만 요셉의 인격에 대하여 너무도 아는 게 없었다는 생각이 듭니다. 요셉이 그들에 대해 어떤 생각을 하고 그들을 위해 어떤 역할을 했는가에 대해서도 너무도 몰랐습니다. 만일 요셉이 보복을 하려 했다면 이미 오래 전에 하고도 남았습니다. 요셉에게 그것은 쉬운 일이었습니다. 그러나 형제들이 그들의 참모습을 드러낸 것처럼, 요셉도 자신의 참모습을 드러냈습니다. "요셉이 그 말을 들을 때에 울었더라"(17절).

요셉은 틀림없이 형들이 거짓말하고 있다는 사실을 알고 있었습니다. 인간적으로 대응한다면 분노하고 보복하는 것이 쉬웠습니다. 하지만 요셉은 감정을 억제하지 못하고 울었습니다. 왜 울었을까요? 내 생각으로는, 그 많은 세월 동안 형들이 배운 게 너무도 없고 바뀐 게 거의 없다는 사실을 깨달았기 때문입니다. 또한 요셉 자신과 형들에 대한 하나님의 돌보심에 대하여 너무도 모르고 있다는 사실을 깨달았기 때문입니다.

형들은 요셉에게 전갈을 보낸 후에도 너무나 걱정이 되어 가만히 있을 수가 없었습니다. 더욱 적극적으로 목숨을 부지하기 위한 행동을 하였습니다. 그래서 요셉에게 직접 가서 선처를 구하기로 했습니다. "그 형들이 또 친히 와서 요셉의 앞에 엎드려 가로되, '우리는 당신의 종이니이다'"(18절).

다시 한 번 요셉이 수십 년 전 꿈에서 본 장면이 현실로 눈앞에 펼쳐졌습니다. 요셉은 또다시 그 꿈을 떠올렸을 것입니다. 요셉이 한 대답은 너무도 놀라웠습니다. "두려워 마소서. 내가 하나님을 대신하리이까? 당신들은 나를 해하려 하였으나 하나님은 그것을 선으로 바꾸사 오늘과 같이 만민의 생명을 구원하게 하시려 하셨나니"(19-20절).

요셉은 자기 자신과 그들 모두를 위한 하나님의 절대주권적 계획을 인정했습니다. 그렇다고 그들이 행한 악한 행동을 그냥 덮고 지나가지는 않았습니다. "당신들은 나를 해하려 하였으나" 하고 그들이 지은 죄를 명확하게 짚어 말했습니다. 그들이 참으로 자기를 해하려고 계획했었다는 사실을 말입니다. 그러나 바로 그 상황이 하나님께서 선을 위해 계획하신 것이었다고 했습니다. 왜 그렇습니까? 하나님의 목적을 이루시기 위한 것이었기 때문입니다.

요셉은 은혜와 친절로 행하였습니다. 형제들은 그것을 도무지 믿을 수 없었고, 그러한 반응을 꿈에도 생각지 못했을 것입니다. 자기들이라면 절대 그렇게 하지 않았을 테니까 말입니다.

은혜의 길

요셉의 길은 은혜의 길입니다. **요셉의 길**에 나타난 은혜의 모습은 '거저 주어진' 것이요 '거저 받은' 은혜입니다. 요셉은 형들을 짓밟아 멸할 권세를 가지고 있었을 때 대신 은혜를 베풀었습니다. 그들은 그것을 받아 누릴 자격이 없었습니다.

그리고 그들은 자기들 노력으로는 그것을 얻을 수 없었습니다. 요셉은 하나님을 대신하여 그들을 위해 은혜를 베푸는 은혜의 도구였습니다.

우리는 복수나 보복 대신 은혜 베풀기를 선택해야만 합니다. 그러면 어떻게 은혜를 베풀 수 있습니까?

한 가지 방법은 말을 삼가 조심하는 것입니다. 은혜스럽고 친절하게 말하십시오. "너희 말을 항상 은혜 가운데서 소금으로 고루게 함같이 하라. 그리하면 각 사람에게 마땅히 대답할 것을 알리라"(골로새서 4:6). 예수님을 따르는 자로서 우리는 말하는 방법을 통해 은혜를 나타내 보여 줍니다. "무릇 더러운 말은 너희 입 밖에도 내지 말고 오직 덕을 세우는 데 소용되는 대로 선한 말을 하여 듣는 자들에게 은혜를 끼치게 하라"(에베소서 4:29).

은혜는 은혜로운 말로 표현됩니다. 반면 함부로 하는 거친 말은 사람들을 무너뜨립니다. 우정과 결혼 생활 등을 파괴합니다.

> 여러분의 입에서 나오는 말이 하찮아 보이지만, 그 말은 무슨 일이든 성취하거나 파괴할 수 있습니다.… 여러분의 입에서 나오는 부주의한 말이나 부적절한 말이 그 같은 일을 합니다. 우리는 말로 세상을 파괴할 수도 있고, 조화를 무질서로 바꿀 수도

있고, 명성에 먹칠을 할 수도 있고, 지옥 구덩이에서 올라오는 연기처럼 온 세상을 허무하게 사라지게 할 수도 있습니다. (야고보서 3:5-6, 메시지 성경)

요셉의 길을 걷기 위해서는 은혜로 말하고 은혜로 행동하는 것을 배워야 합니다. 그러나 우리 스스로는 이것을 할 수 없습니다. 우리는 그런 식으로 만들어지지 않았기 때문입니다. 우리 자신이 은혜를 '받을' 때에만 은혜를 보여 줄 수 있습니다.

일해서 얻은 것이 아님

은혜는 선물입니다. 일해서 얻을 수 없습니다. 요셉의 형들은 요셉이 그들에게 베푼 자유와 보호를 얻기 위해 전혀 아무것도 하지 않았습니다.

예수님을 믿고 따르는 삶을 살려 할 때 가장 붙잡기 어려운 진리 중의 하나가 은혜를 올바로 이해하는 것입니다. 하나님께서는 요셉의 증조할아버지 아브라함에게 특별한 약속을 주셨습니다. 이것은 모세의 율법이 주어지기 오래 전에 일어난 일이었습니다. 아브라함은 하나님께 순종하여 가나안으로 갔습니다. 하나님께서 그에게 가라고 하신 곳입니다.

하나님께서 아브라함에게 그 유명한 약속 - 그와 그의 후손이 땅을 차지하리라 - 을 주신 것은, 그가 무언가를 이루었거나 이루려고 했기 때문이 아니었습니다. 그 약속이 주어진 것은, 그를 위해 모든 것을 바로 세워 주시겠다는 하나님의 결정에 기초한 것이었습니다. 아브라함은 다만 믿음으로 거기에 뛰어들었을 뿐입니다. 만일 우리가 하나님께 무언가를 얻는 것이 자기가 해야 할 일을 다 마치고 온갖 서류를 다 구비해야만 비로소 가능한 일이라면, 인격적 신뢰가 들어설 여지는 아예 사라지고 약속은 냉혹한 계약으로 바뀌고 맙니다! 그런 것은 거룩한 약속이 아닙니다. 사업상 거래일 뿐입니다. 빈틈없는 변호사가 깨알 같은 글씨로 작성한 계약서는 우리가 얻을 것이 전혀 없을 것이라는 사실만 확인해 줄 뿐입니다. 그러나 애초에 계약이란 없고 약속만이 - 그것도 하나님의 약속만 - 있는 것이라면, 그것은 여러분이 깰 수 있는 것이 아닙니다. 바로 이런 이유로 하나님의 약속의 성취는, 전적으로 하나님과 그분의 길을 신뢰하는 것, 하나님과 그분이 하시는 일을 단순히 받아들이는 것에 달려 있습니다. 하나님의 약속은 순전한 선물로 우리에게 옵니다. 바로 이것이 우리 종교적 전통을 따르는 사람들뿐 아니라, 그런 것에 대해 들어 본 적이 없는 사람들도 그 약속에 확실히 참여할 수 있는 유일한 길입니다. 아브라함은 우리 모두의 조상이기 때문입니다. 그는 우리 민족의 조상이 아닙니다. 그렇다고 한다면, 그것은 이야기를 거꾸로 읽는 것입니다. 그는 우리 믿음의 조상입니다. (로마서 4:13-16, 메시지 성경)

바울은 깊고 깊은 은혜의 진리를 다음과 같이 진술합니다.

긍휼에 풍성하신 하나님이 우리를 사랑하신 그 큰 사랑을 인하여 허물로 죽은 우리를 그리스도와 함께 살리셨고… 너희가 그 은혜를 인하여 믿음으로 말미암아 구원을 얻었나니, 이것이 너희에게서 난 것이 아니요 하나님의 선물이라. 행위에서 난 것이 아니니 이는 누구든지 자랑치 못하게 함이니라. (에베소서 2:4-5,8-9)

요셉의 형제들은 뽐내고 으쓱거리며 다닐 수가 없었습니다. 얼마나 착한 사람들인지 외치고 다닐 수가 없었습니다. 어떻게 요셉의 신임과 보호를 얻게 되었는지 떠벌리고 다닐 수가 없었습니다. 그들은 사실 부패할 대로 부패한 형편없는 악당들이었습니다. 그러나 요셉은 그들에게 은혜를 베풀었습니다.

우리의 구원에 대해서도 마찬가지입니다. 우리는 다만 예수님을 믿음으로써 값없이 그 은혜를 거저 받았을 뿐입니다. 아무 계약서도 없습니다. 단지 약속만 있을 뿐입니다.

이것이 **요셉의 길**, 은혜의 길입니다.

용서의 길

요셉의 길은 또한 용서의 길입니다. 은혜 안에서, 용서는 우리의 모든 허물과 죄를 덮어 줍니다. 은혜는 결코 값싼 것이 아닙니다. 그것은 아주 값비쌉니다. 요셉의 용서는 형들의 '공로'에 달려 있지 않습니다. 비록 형들이 요셉에게 용서해 달라고 요청했지만 그들이 보인 회개에 토대를 두고 있지도 않습니다(창세기 50:17). 그 기초는 하나님에 대한 요셉의 관점에 있습니다. 용서하시는 분은 하나님이십니다. 구약성경에서, 용서에는 희생 제사가 필요했습니다. 그러나 희생 제사 자체가 사람을 용서하지는 않습니다. 하나님께서 그렇게 하기를 선택하십니다.

신약성경에서, 예수님께서는 자신에게 잘못한 사람들을 용서하셨습니다. "아버지여, 저희를 사하여 주옵소서. 자기의 하는 것을 알지 못함이니이다"(누가복음 23:34). 우리는 악한 일을 당했을 때, 서로 용서해야 합니다. "누가 뉘게 혐의가 있거든 서로 용납하여 피차 용서하되 주께서 너희를 용서하신 것과 같이 너희도 그리하고"(골로새서 3:13).

요셉의 길은 하나님으로부터 용서를 받고, 다른 사람들에게 용서를 베푸는 것입니다.

굴복의 길

요셉의 길은 또한 굴복의 길입니다. 하나님의 절대주권적 계획에 굴복하는 것입니다.

우리는 요셉이 베푼 은혜와 용서가 헤아릴 수 없이 넓은 도량에서 우러나온 것이라고 생각할 수도 있습니다. 그러나 그것은 삶에서 하나님의 사랑과 절대주권을 믿은 요셉의 굳센 신앙에서 나온 필연적이고 당연한 결과였습니다. 요셉은 하나님의 원대한 계획에 기꺼이 굴복하였습니다. 처음에는 하나님의 원대한 계획이 무엇인지 이해하지 못했습니다. 자신이 당하는 그 모든 불의를 묵묵히 견디어낼 때도, 그리고 높은 권좌에 올라갔을 때도 알지 못했습니다. 그러다가 형제들이 그에게 와서 곡식을 구할 때에야 마침내 하나님의 원대한 계획을 보았습니다. "하나님이 큰 구원으로 당신들의 생명을 보존하고 당신들의 후손을 세상에 두시려고 나를 당신들 앞서 보내셨나니,… 당신들은 나를 해하려 하였으나 하나님은 그것을 선으로 바꾸사 오늘과 같이 만민의 생명을 구원하게 하시려 하셨나니"(창세기 45:7, 50:20). 요셉은 자신이 굴복해야 할 더 높은 권세 즉 하나님을 보았고, 그 권세에 굴복했습니다.

그러한 굴복은 어렵습니다. 직장에서, 가정에서, 또는 건강과 연관하여 우리의 삶이 와르르 무너지고 산산이 부서질 때, 우리는 "왜?" 하며 그 이유를 두고 머리를 쥐어짜면서 골똘히 생각합니다.

나 역시 그런 경험이 있습니다. 나는 필사적으로 하나님의 뜻이 무엇인지, 그 계획이 무엇인지 찾았습니다. 사랑하는 아들이 아무런 까닭 없이 괴한에게 총격을 받아 살해당했을 때였습니다. 나중에 그 일을 돌아보면서 이렇게 썼습니다. "살아 있는 게 인생의 전부는 아니다. 그 이상의 것이 있다. 하나님과 함께하는 영원한 생명! 영생은 인간이 추구하는 그 어떤 것과도 비교할 수 없다."

이제 나는 하나님의 목적을 조금씩 조금씩 깨닫고 있습니다. 전부는 아니고 아주 일부일 뿐입니다. 하나님께서는 나의 숨은 교만을 깨뜨리셨습니다. 나를 산산이 부수셨습니다. 나의 신앙을 가장 밑바닥부터 흔드셔서 신앙의 기본으로 돌아가게 하셨습니다. 하나님의 말씀인 성경 속에 깊이 깊이 침잠하도록 이끄셨습니다. 그리고 전혀 생각지 못한 방법으로 다른 사람들의 삶에 이르는 문들을 여셨습니다. 그동안 내가 성취한 모든 것을 그것들이 본래 속해 있던 곳, 쓰레기 통 속에 넣으셨습니다. 그분의 절대주권적 계획에 온전히 순복하도록 나를 몰아가셨습니다.

아무 일 없는 평상시에는 로마서 8:28 말씀이 다 아는 평범한 말로 다가올 수도 있습니다. 그러나 삶이 극한 어려움에 맞닥뜨렸을 때에는 그 진리가 얼마나 크게 우리 가슴에 와 닿고 영혼을 울리는지 모릅니다. "우리가 알거니와 하나님을 사랑하는 자 곧 그 뜻대로 부르심을 입은 자들에게는 모든 것이 합력하여 선을 이루느니라."

삶을 살아가면서 예기치 않는 고난을 겪을 때, '하나님께서 과연 자신이 행하고 계시는 것을 알고 계실까?' 하고 생각하지 마십시오. 우리는 다만 인내하고 굴복해야 합니다. 우리 속에서, 그리고 우리를 위하여 일하실 사랑의 하나님을 신뢰하기 때문입니다.

요셉의 길은 은혜와 용서와 굴복을 한데 모아 한 패키지로 만듭니다. 그 패키지를 열 때, 믿을 수 없는 기쁨과 평화를 경험합니다. 그러나 이 선물을 거부하면, 하나님께서 우리를 위해 가지고 계신 모든 것을 경험하지 못합니다. 우리는 우리에게 일어나는 사건들을 바꿀 수는 없습니다. 그러나 우리의 반응은 바꿀 수 있습니다.

묵상 및 적용

1. 요셉은 왜 그렇게 반응했습니까?

2. 은혜는 왜 때때로 받아들이기가 어렵습니까?

3. 우리에게 구원을 주시는 은혜와 신자의 삶을 사는 데 필요한 은혜를 비교하십시오. 그 차이가 무엇입니까?

4. 삶 속에서 당신을 하나님께로 몰아갔던 사건은 무엇입니까? 그때 어떻게 하면 더 낫게 반응할 수 있었겠습니까? 지금 당신에게 요구되는 더 나은 반응은 무엇입니까?

5. 당신은 어떻게 다른 사람들에게 은혜를 베풉니까?

제 18 장

끝까지 충성하다

나는 죽으나 하나님이 너희를 권고하시고
너희를 이 땅에서 인도하여 내사
아브라함과 이삭과 야곱에게
맹세하신 땅에 이르게 하시리라.
창세기 50:24

제 18 장

끝까지 충성하다

마지막을 준비하라

스포츠 경기에서는 그 경기를 아무리 잘했어도 사람들은 보통 마지막 '결과'만을 기억합니다. 하지만 인생의 마지막 순간은 그렇지 않습니다. 인생의 마지막 모습은 그동안 그가 어떻게 살아왔는지 그 '과정'을 보여 줍니다.

요셉의 길에서, 그 마지막 절정은 미래에 대한 헌신입니다. 이 헌신에 앞서 있는 것이 거저 주어진 은혜와 거저 받은 은혜입니다.

요셉은 110세까지 살았습니다. 그는 남은 생애 동안 형제들에게 은혜를 베풀었습니다. 그는 살아서 4대손까지 보았습니다. 마침내 자신이 죽을 때가 임박한 것을 알고, 가족들을 한데 불러 모아 그 형제들에게 말했습니다. "나는 죽으나 하나님이 너희를 권고하시고 너희를 이 땅에서 인도하여 내사 아브라함과 이삭과 야곱에게 맹세하신 땅에 이르게 하시리라"(창세기 50:24).

그러고 나서 이스라엘 자손에게 특별한 맹세를 하게 했습니다. "요셉이 또 이스라엘 자손에게 맹세시켜 이르기를, '하나님이 정녕 너희를 권고하시리니, 너희는 여기서 내 해골을 메고 올라가겠다 하라' 하였더라"(창세기 50:25).

요셉이 110세에 죽자, 그의 몸에 향 재료가 넣어졌고, 애굽에서 입관되었습니다.

왜 요셉은 그런 맹세를 하게 했습니까? 그리고 실제로 무슨 일이 일어났습니까?

요셉의 유언이 있은 지 삼백년도 더 지난 후에 이스라엘 자손이 모세의 인도 하에 마침내 애굽을 떠날 때 그들은 그 유언을 잊지 않았습니다.

> **…이스라엘 자손이 애굽 땅에서 항오를 지어 나올 때에 모세가 요셉의 해골을 취하였으니, 이는 요셉이 이스라엘 자손으로 단단히 맹세케 하여 이르기를, "하나님이 필연 너희를 권고하시리니 너희는 나의 해골을 여기서 가지고 나가라" 하였음이었더라. (출애굽기 13:18-19)**

애굽을 떠날 때 이스라엘 자손은 요셉의 유해를 가지고

나왔고, 광야 40년 동안에도 이리저리 가지고 옮겨 다녔으며, 마침내 가나안 땅에 장사하였습니다.

> 이스라엘 자손이 애굽에서 이끌어 낸 요셉의 뼈를 세겜에 장사하였으니, 이곳은 야곱이 세겜의 아비 하몰의 자손에게 금 일백 개를 주고 산 땅이라. 그것이 요셉 자손의 기업이 되었더라. (여호수아 24:32)

히브리서 11장에 보면 영적 영웅들의 이름과 믿음의 행동이 나오는데, 요셉이 한 마지막 행동이 특별한 주목을 받습니다.

> 믿음으로 요셉은 임종 시에 이스라엘 자손들의 떠날 것을 말하고 또 자기 해골을 위하여 명하였으며. (히브리서 11:22)

분명히 이것은 대단히 큰 일이었습니다. 왜 그렇습니까?

- 그것은 끊임없이 소망을 상기시켜 주었습니다.
- 그것은 요셉이 보인 깊은 믿음의 행동이었습니다.
- 그것은 요셉이 남긴 유산의 상징이었습니다.

소망이 필요함

이스라엘 자손이 사백여 년 동안 애굽에서 종살이를 하는 동안, "요셉을 알지 못하는" 새 왕이 일어나서 애굽을 다스리게 되었습니다(출애굽기 1:8), 그 후부터 이스라엘 자손은 큰 고통 속에 살았습니다. 그들은 구원의 소망을 품고 살아야 했습니다. 왜냐하면 그 소망 외에는 가진 게 아무것도 없었기 때문입니다.

사람에게는 누구나 소망이 필요합니다. 소망이 없으면 죽습니다. 포기합니다. "소망이 더디 이루게 되면 그것이 마음을 상하게 하나니 소원이 이루는 것은 곧 생명나무니라"(잠언 13:12).

사람들이 가지고 있는 소망은 크게 두 종류로 나뉩니다. 일시적인 소망과 영원한 소망입니다.

일시적인 소망이란 대개 건강, 성공, 안전, 물질적 소유 등에 기초한 것입니다. 그런 소망은 오래가지 못합니다. 많은 이들이 인생의 마지막 날들을 작은 방에서 외롭게 보냅니다. 인생에서 쌓아 놓은 모든 것은 상자 몇 개에 담겨 있습니다. 자신의 마지막 날을 정리한다면 무엇이 남아 있을까요? 그동안 자신이 쌓아 놓은 것은 이제 거의 아무것도 남아 있지 않습니다. 대부분 단지 기억 속에만 있습니다.

우리는 여기 이 땅에서의 삶이 일시적이라는 사실을 잘

알고 있습니다. 하지만 사람들은 대부분 자신을 이 일시적인 소망에 모두 바칩니다. 거의 모든 통속적인 성공 서적과 심리학 서적들이 이러한 소망을 가르치고 찬양하고 미화합니다. "더 많이 소유하라, 그러면 더 행복하리라"고 외칩니다. "더 많이 벌고, 더 많이 사라", "세상의 갈채를 받으려면 지위와 권력을 더 많이 얻으라", "더 나은 삶을 누리고 싶으면, 더 큰 집, 더 비싼 차, 더 고급 별장을 사라" 이렇게 외칩니다. 그러나 이 모든 것은 일시적일 뿐입니다. 그 자체로는 근사하고 멋진 것일 수도 있습니다. 그러나 그게 우리 소망의 전부라면 근사하고 멋진 게 결코 아닙니다.

당신의 소망은 무엇입니까? 그게 뭔지 금방 알아볼 수 있습니다. 다음과 같이 간단히 자문해 보시면 됩니다. '주기적으로 내 마음을 사로잡는 것은 무엇인가? 삶에서 나의 주된 관심과 초점과 즐거움은 무엇인가?'

은혜 아래 있는 우리는 그리스도와 그분의 목적을 소망의 근원으로 삼아야 합니다. "그러므로 너희가 그리스도와 함께 다시 살리심을 받았으면 위엣 것을 찾으라. 거기는 그리스도께서 하나님 우편에 앉아 계시느니라"(골로새서 3:1).

영원한 소망을 가지고 있다는 것은 무엇을 의미합니까? 구약성경에서 다윗은 그것을 이런 식으로 설명했습니다. "주여, 내가 무엇을 바라리요? 나의 소망은 주께 있나이다"(시편 39:7). 이생에서 우리의 소망을 주님께 두는 것입니다. 영원토록 지속될 것에 자신을 드리는 것입니다. 즉 영원한 하나님의 말씀에 자신을 드리는 것입니다. 그리스도의 지상사명에 자신을 드리며, 사람들을 위하여 자신을 드리는 삶을 사는 것입니다. 환경이 어려워질 때, 건강이 악화될 때, 결혼 생활이나 가정이 위기에 처할 때, 그때에는 일시적인 것에 대한 소망은 아무 위로도 주지 않습니다. 그때에는 그리스도 안에 있는 우리의 소망이 유일하고 참된 소망입니다.

> 그러므로 우리가 믿음으로 의롭다 하심을 얻었은 즉 우리 주 예수 그리스도로 말미암아 하나님으로 더불어 화평을 누리자. 또한 그로 말미암아 우리가 믿음으로 서 있는 이 은혜에 들어감을 얻었으며 하나님의 영광을 바라고 즐거워하느니라. 다만 이 뿐 아니라 우리가 환난 중에도 즐거워하나니 이는 환난은 인내를, 인내는 연단을, 연단은 소망을 이루는 줄 앎이로다. 소망이 부끄럽게 아니함은 우리에게 주신 성령으로 말미암아 하나님의 사랑이 우리 마음에 부은 바 됨이니. (로마서 5:1-5)

은혜, 환난, 소망이 연결되어 있음을 주목하기 바랍니다. 요셉은 환난을 당했고, 은혜를 받고 은혜를 베풀었으며, 그 다음에 그의 뼈로 하나님의 해방과 구원의 소망을 끊임없이 상기시켜 주는 것이 되게 했습니다.

우리는 우리의 소망을 하나님 안에 두고 있습니다. 이것은 하나님의 아들 예수 그리스도를 믿음으로 된 것입니다. 먼저 우리는 하나님의 은혜를 인하여 믿음으로 말미암아 영원한 구원을 얻었습니다. 그 다음에 우리의 삶은 그 소망의 지배를 받습니다. 히브리서 기자는 이렇게 말합니다. "우리가 이 소망이 있는 것은 영혼의 닻 같아서 튼튼하고 견고하여"(히브리서 6:19). 우리가 가진 소망은 영혼의 닻처럼 안전하고 튼튼하여 우리의 영혼을 안전하고 든든하게 보호해 줍니다. 히브리서 기자는 계속하여 이 안전이 우리의 대제사장이신 예수님으로 말미암아 어떻게 오는지를 말합니다(히브리서 6:19-8:2 참조). 그리고 베드로는 이렇게 말합니다. "그러므로 너희 마음의 허리를 동이고 근신하여 예수 그리스도의 나타나실 때에 너희에게 가져올 은혜를 온전히 바랄지어다"(베드로전서 1:13). "온전히 바랄지어다!" 온전히 소망하라는 말입니다. 예수 그리스도께서 다시 오실 그날에 우리가 받게 될 은혜의 선물에 모든 소망을 두라는 말입니다.

믿음과 유산

앞에서 이미 말했듯이, 요셉이 이스라엘 자손에게 자기의 뼈에 대하여 명한 것은 요셉 편에서 보면 깊은 믿음의 행위였습니다. 그는 신실하게 조상들의 하나님을 경배하며 섬겨 왔습니다. 이제 그는 이스라엘 자손으로 하여금 하나님께서 미래에 베푸실 해방과 구원에 대한 믿음으로 향하게 해 주었습니다.

요셉의 뼈는 또한 그가 야곱의 후손인 이스라엘 자손들에게 물려주는 유산의 상징이기도 하였습니다. 요셉 덕분에 그들은 기근과 죽음에서 건짐을 받았습니다. 그들은 그들과 함께 있는 요셉의 뼈를 보면서 항상 그 구원을 상기하게 되었을 것입니다.

자녀와 손주들에게 무슨 유산을 남기고 싶습니까? 앞에서 이야기했듯이, 돈과 재산이 아니라, 살아계신 하나님을 믿는 믿음의 유산이어야 합니다.

앞에서 한 친구가 급성 백혈병과 싸우고 있다는 사실을 얘기했습니다. 그는 계속 완전한 회복을 위해 힘쓰고 있습니다. 오랫동안 병과 싸워 온 그는 더 이상 예전의 그가 아닙니다. 그의 모든 가족의 삶도 결코 똑같지 않을 것입니다.

병원에 입원하면서 그는 다음과 같이 썼습니다.

> 사랑하는 하나님, 저를 하나님의 도구로 사용하셔서 사람들의 삶에 선한 영향을 끼치게 하소서. 저를 사용하셔서 제 자녀들과 손주들의 믿음을 세워 주소서.…

우리는 큰 재난을 만났을 때, 일반적으로 자기 자신만을 생각한다. 예를 들면, 자기에게 필요한 것, 자기가 원하는 것, 자기가 바뀌어야 할 것 등. 하나님께서는 여전히 나의 삶을 위한 계획을 가지고 계신다. 장래와 소망을 가진 계획이다. 하루든, 2주든, 10년이든, 그것은 큰 계획이다. 나의 고난을 통해 단 한 생명에게라도 영향을 미친다면, 그것은 값진 것이리라.

또한 그 와중에 짤막한 유머도 나누었습니다.

내 병[급성 백혈병(acute leukemia)]이 정말 '귀여운 백혈병(a cute leukemia)' 맞습니까? '귀여운(cute)' 구석이라곤 하나도 없는데.

이 말 속에서 나는 그의 믿음과 소망과 유산을 봅니다. 건강하고 모든 게 형통했다면 잘 드러나지 않았을 것입니다.
요셉이 한 마지막 말이 그토록 중요한 이유가 여기에 있습니다.
당신이 남길 마지막 말은 무엇이 될까요?
두 달 전 여행 중에 한 호텔에 머물고 있었습니다. 그날 밤 늦게 온몸이 몹시 아파 오기 시작했습니다. 구급차를 불러야 하는 것 아닌가 할 정도였습니다. 아내에게 말했습니다.

"뭔가 조짐이 안 좋아요!" 그동안 살면서 이런 경우가 몇 번 있었습니다. '이러다 죽는 거 아닌가!' 금방이라도 죽음이 닥칠 것 같았습니다. 걱정과 두려움이 몰려왔습니다. 급성 독감으로 판명되었습니다.

다음 여러 주 동안 새로운 눈으로 나의 삶을 깊이 생각하게 되었습니다. 인생이 짧다는 생각이 들었습니다. 주님께서 부르시면 언제든지 다 놓고 떠나야 했습니다. 인생의 의미가 무엇인지를 다시금 깊이 돌아보았습니다. 나는 다시 결심했습니다. **요셉의 길**을 끝까지 잘 걸어서 마쳐야겠다고.

요셉과 예수님

이제 이 책의 끝이 가까워 오고 있습니다. 이 책을 마치면서 가장 고귀한 관점에 초점을 맞추는 게 좋으리라 생각합니다. 요셉은 예수님의 그림자요 예표입니다. 이것이 요셉의 생애를 바라보는 최고의 관점입니다. 많은 사람이 이에 대하여 연구했습니다. 한 저자가 58가지를 열거했는데, 그중 몇 가지만 살펴보도록 하겠습니다.

예수님은 아버지 하나님께서 사랑하시는 아들이셨다.
요셉은 아버지 야곱이 총애하는 아들이었다.

예수님은 부당하게 재판을 받고 정죄를 당하셨다.
요셉은 형들에게 부당한 대우를 받고 노예로 팔렸으며, 애굽에서 부당한 누명을 쓰고 감옥에 갇혔다.

예수님은 은 30개에 팔리셨다.
요셉은 은 20개에 팔렸다.

예수님은 십자가 위에서 고난을 받으셨다.
요셉은 노예로서, 죄수로서 고난을 받았다.

예수님은 나중에 영광과 존귀로 관 쓰셨다.
요셉은 나중에 애굽의 총리가 되었다.

예수님은 자기 백성(이스라엘과 이방인)을 그들의 죄에서 구하셨다.
요셉은 자기 가족과 애굽인들을 기근에서 구했다.

예수님은 이방인들에게 구세주가 되셨다.
요셉은 이방 나라인 애굽을 구했다.

예수님은 마지막 날에 최후의 해방을 가져오실 궁극적인 구세주이시다.

요셉은 자기 백성을 구했고, 그들이 장차 애굽에서 해방되어 약속의 땅으로 들어갈 것을 예언했다.

예수님은 인류의 구원이라는 하나님의 궁극적 목적을 이루셨다. 요셉은 이스라엘을 멸망에서 구원하기 위한 하나님의 도구였다. 하나님께서는 선을 이루기 위해 그것을 계획하셨다.

이외에도 예수님과 요셉 사이에는 유사점이 아주 많습니다.

요셉의 삶은 모든 성경의 중심이 그리스도시라는 것을 잘 나타내 줍니다. 구약성경은 오실 그리스도를 고대합니다. 복음서는 오신 그리스도를 계시합니다. 신약성경의 나머지 책들은 그리스도를 믿고 알고 따르는 법을 가르쳐 줍니다. 요한계시록은 장차 올 그리스도의 나라를 보여 줍니다.

요셉의 길을 선택하라

요셉의 길은 우리 그리스도인들이 평생 인생의 길을 헤치며 나아갈 때 따라야 할 아름다운 본을 보여 줍니다. 거기에는 구불구불 굽이진 길도 많습니다. 어디로 가야 할지 선택해야 하는 갈림길도 많습니다. 그 축복의 길을 계속 걸어가려면 반드시 해야 하는 선택들로 가득합니다.

후회가 남지 않는 선택을 하십시오. 아름다운 성공의 삶으로 인도하는 선택을 하십시오. 아폴로 우주선에 탔던 우주비행사 월터 커닝햄은 이렇게 말했습니다. "'인생을 다시 한 번만 더 살 수 있다면…' 하고 말하는 그런 사람이 되지 마십시오. 한 번으로 충분하게 자기 인생을 사십시오."

묵상 및 적용

1. 요셉의 유산은 무엇이었습니까?

2. 자기 유해에 대하여 요셉이 한 명령이 주는 중요한 의미는 무엇입니까?

3. 당신은 무엇을 유산으로 남길 수 있습니까? 그리고 누구에게 남기겠습니까?

4. 소망과 믿음은 실제적으로 당신의 삶에 어떻게 영향을 미칩니까?

5. 예수님과 요셉의 유사점이 주는 중요한 의미는 무엇입니까? 당신이 본 또 다른 유사점은 무엇입니까?

6. **요셉의 길**에서 당신에게 '가장 중요한' 것은 무엇입니까?

누가 나와 공감하며
나를 이해하리요.
하지만 찾아보라
그런 친구 찾게 되리.

인생은 시작하지요
홀로 바둥거리며.
넘어지고
배우고 생각하면서.

인생은 자라지요
젊음 속에서 희망과 함께.
인생의 길을
힘써 찾으면서.

인생은 날아오르지요
성공과 함께.
인생의 선물을
한껏 즐기면서.

인생은 가라앉지요
냉혹한 현실 속에서.
희망이 시들고
부서지면서.

인생은 다시 태어나지요
희망 속에서.
고난의 재, 깨어짐의 흠을 뚫고
새로운 성장이 움트면서.

요셉의 길

2019년 7월 15일 초판 1쇄 발행

펴낸곳: 네비게이토 출판사 ⓒ
주소: 03784 서울시 서대문구 연희로 16 (창천동)
전화: 334-3305(대표), 334-3037(주문), FAX: 334-3119
홈페이지: http://navpress.co.kr
출판등록: 제10-111호(1973년 3월 12일)
ISBN 978-89-375-0568-3 03230

본 출판사의 서면 허락 없이는 본서의 전부
또는 일부의 무단 복제 및 무단 번역을 금합니다.